John Ortberg

Viel näher, als du denkst

Wie sich Gott im Alltag finden lässt

Über den Autor

John Ortberg ist einer der Pastoren der *Menlo Park Presbyterian*-Gemeinde in Menlo Park, Kalifornien. Bis zum Sommer 2003 war er einer der Hauptpastoren von *Willow Creek* und predigte dort vor allem in den gemeindeinternen Gottesdiensten, die der vertiefenden geistlichen Stärkung der Gemeindemitglieder dienen. Bei ihm vereinen sich erstaunlich tief gehende Einsichten mit einer klaren Verständlichkeit und einem ansteckenden Sinn für Humor. Kein Wunder, dass seine Bücher regelmäßig zu Bestsellern werden.

John Ortberg

Viel näher, als du denkst

Wie sich Gott im Alltag finden lässt

WILLOW
Willow Creek • Edition

Gerth Medien

Titel der Originalausgabe:
God Is Closer Than You Think

Published by Zondervan Publishing House, Grand Rapids, Michigan, USA

1. Auflage 2006

Best.-Nr. 816 067
ISBN 3-86591-067-X

Übersetzung: Karoline Kuhn
Umschlaggestaltung und -illustration: Hanni Plato
Satz: Nicole Schol, Gerth Medien GmbH
Druck und Verarbeitung: GGP Media GmbH, Pößneck

Für Laura, Mallory und Johnny;
für Winston und Milo und Spotty und Jo-Jo;
für den Ofenmann und Ralph den Baum und Bernd das Brot;
für die Geschichte von der Scheune
und Bugs Meany und Norman Bates;
für Portillo's *und all die Male,*
die ich dem Präsidenten das Leben gerettet habe;
für das Geschenk,
das meine Jahrestage und Thanksgiving und Murmeltiertage verbindet;
für Doughnut-Rennen und Dollar-Tage und
dünne Stellen in der Hecke.

Inhalt

Dank

Während ich dieses Buch schrieb, zogen wir aus dem Mittleren Westen nach Kalifornien, wo ich von der *Menlo Park Presbyterian Church* als Pastor eingestellt worden war. Ich bin den Leuten von der MPPC sehr dankbar, dass sie mir die Zeit gegeben haben, das Buch fertig zu stellen, und dass sie mich in ihre liebevolle Gemeinschaft aufgenommen haben. John Mumford hat mir einen Platz zum Schreiben zur Verfügung gestellt, mit Blick auf das, was Autor Wallace Stegner „den letzten Sonnenuntergang des Kontinents" nennt; sollte es dem Buch also an Inspiration fehlen, liegt das an mir und nicht am Ausblick! Trudi Barnes hat mir mit außerordentlich viel Engagement dabei geholfen, dieses Projekt und so viele andere möglich zu machen.

Peets-Kaffee hat dafür gesorgt, dass meine wenigen Neuronen immer in Aktion blieben.

„Viel näher, als du denkst" ist das fünfte Buch, das ich bei *Zondervan* herausbringe, und ich bin dankbar für die Zusammenarbeit, die mit jedem Buch partnerschaftlicher geworden ist. Jack Kuhatschek hat Hunderte von Stunden in Gespräche und Gedankenaustausch mit mir investiert. John Topliff und Greg Stielstra vereinen Weisheit und Seelengröße mit Ideenreichtum und Engagement. Jim Ruark hat meinen Schreibstil aufpoliert. Scott Bolinder und Stand Gundry und der Rest der Mannschaft haben für mich eine Art Autoren-Zuhause geschaffen, wofür ich sehr dankbar bin.

Liz Heaney und Evelyn Bence haben viele hilfreiche Vorschläge gemacht.

Wie immer waren während meiner Arbeit die Gedanken und die Werke von Dallas Willard nie fern von mir.

Doch meine liebste Mitarbeiterin an diesem Projekt war Mallory Ortberg. Sie hat das gesamte Manuskript in einer frühen Version überarbeitet, unzählige Beiträge geleistet und Absätze verfasst, die mich regelrecht sprachlos machten. Eines Tages lässt sie mich vielleicht ihre Bücher bearbeiten — wenn ich Glück habe.

Kapitel 1

Gottes größter Wunsch

„… und dann legt sich über die Alltäglichkeit des Lebens ein Flüstern, ein schwacher Ruf, ein Vorgeschmack von etwas Reichhaltigerem …“
Thomas Kelly[1]

Im ersten Jahr unserer Ehe reisten Nancy und ich zwei Monate lang durch Europa. Uns stand für jeden Tag ein Budget von 13,50 Dollar für Essen, Unterbringung und Vergnügen zur Verfügung. Jeden Morgen frühstückten wir Brot und Käse. Wir lebten in Absteigen, mit denen verglichen das Bates-Motel aus dem Film „Psycho“[2] wie eine Luxusherberge aussah. Das „Vergnügen“ bestand bei diesem engen Budget darin, dass wir uns einmal wöchentlich eine Ausgabe der *Times* leisteten und sie in der Mitte durchrissen, damit wir sie beide gleichzeitig lesen konnten.

In Italien verpulverten wir das gesamte Tagesbudget für ein einziges Essen und den Eintritt in ein Museum, in dem die Schätze der europäischen Kunstgeschichte ausgestellt waren. Der Höhepunkt des Tages kam, nachdem wir stundenlang im Vatikan angestanden hatten, um in der Sixtinischen Kapelle Michelangelos Meisterwerk von Gott und Adam zu bewundern. Dieses Gemälde ist eines der beiden Kunstwerke, die als Ecksteine dieses Buches dienen (das andere hebe ich mir für das nächste Kapitel auf!). Wenn man sich das Bild genau ansieht, bemerkt man, dass Gott sich voller Kraft und Leidenschaft nach dem Menschen ausstreckt. Er verdreht seinen Körper richtig, um Adam möglichst nahe zu kommen. Sein Kopf ist dem Mann zugewandt, sein Blick auf ihn fixiert. Gottes Arm ist ausgestreckt, sein Zeigefinger geradeaus gerichtet; jeder Muskel ist angespannt.

Vor Michelangelo, so die Experten, zeigten die üblichen Darstellungen der Schöpfung Gott auf dem Boden stehend, wie er Adam auf die Füße half. Aber nicht hier! Dieser Gott fliegt auf einer Wolke auf Adam zu und wird von Engeln regelrecht geschoben. (Die Barockengel, die wir heutzutage im Sinn haben, sehen für so etwas nicht sportlich genug aus, aber zu Michelangelos Zeit strahlten Engel Leichtigkeit und Kraft aus.) Es ist, als befände man sich im Mittelpunkt der Schönheit der gesamten Schöpfung. Gottes ganzes Sein dreht sich nur um sein ungeduldiges Verlangen danach, die Lücke zwischen sich und diesem Mann zu schließen. Er kann es gar nicht abwarten. Seine Hand kommt um Haaresbreite an die Hand des Menschen heran.

Das Gemälde wird traditionell als „Die Erschaffung Adams" bezeichnet, aber eigentlich müsste es „Die Ausrüstung Adams" heißen, denn Adam ist ja bereits physisch am Leben – seine Augen sind offen und er ist bei Bewusstsein. Gott bietet dem Menschen auf diesem Bild eine Verbindung an. „Das gesamte Potenzial des Menschen, körperlich und geistlich, ist in diesem einen zeitlosen Moment enthalten", schrieb ein Kunstkritiker.[3]

Offenbar wollte Michelangelo unter anderem die Botschaft vermitteln, dass Gott absolut entschlossen ist, sich nach diesem Menschen auszustrecken, den er erschaffen hat, um ganz nah bei ihm zu sein. Gott kommt Adam so nah wie möglich. Doch dann lässt er ihm noch ein kleines bisschen Raum, sodass Adam selbst entscheiden kann – und er wartet darauf, dass Adam den letzten Schritt auf ihn zu macht.

Die Figur des Adam ist schon schwieriger zu interpretieren. Sein Arm ist teilweise nach Gott ausgestreckt, aber sein Körper bleibt in einer lässigen Pose liegen, bequem zurückgelehnt, so als ob er kein echtes Interesse daran hätte, die Verbindung herzustellen. Vielleicht geht er davon aus, dass Gott auch dieses letzte Stück noch überbrücken wird, wo er ihm doch sowieso schon so nah gekommen ist. Vielleicht steht er der Möglichkeit, seinen Schöpfer zu berühren, auch etwas unentschlossen gegenüber. Oder ihm fehlt die Kraft dazu. Er müsste nur eines tun: einen Finger heben.

Das Fresko hat Michelangelo vier Jahre harte Arbeit gekostet. Es muss die reinste Tortur gewesen sein, auf einem Gerüst zu stehen und mit über den Kopf gereckten Armen zu malen. („Ich halte den Bart zur Decke gerichtet, den Kopf in den Nacken gelegt, bis er fast die Schultern berührt, die Brust herausgestreckt wie eine Harpyie; die Farbe tropft mir aufs Gesicht und lässt mich wie einen bunten Teppich aussehen … Ich bin so gespannt wie ein syrischer Bogen."[4]) Weil er über so lange Zeit gezwungen gewesen war, stundenlang nach oben zu starren, konnte er schließlich nur noch lesen, wenn er das Schriftstück auf Armeslänge entfernt über seinen Kopf hielt. Eines Nachts, als er entmutigt und mit seinen Zweifeln über sein übergroßes Projekt allein war, schrieb er in sein Tagebuch nur einen einzigen Satz: „Ich bin kein Maler."[5]

Doch seit beinahe einem halben Jahrtausend erzählt dieses Gemälde nun schon von Gottes großem Wunsch, mit den Menschen zusammen zu sein, die er nach seinem Bild geschaffen hat. Vielleicht war Michelangelo doch nicht allein mit seiner Arbeit. Vielleicht war ihm der Gott, der Adam so nah kam, ebenfalls ganz nah und arbeitete mit ihm zusammen – mit seinen Gedanken, seinen Augen und seinem Pinsel.

Die Allgegenwart Gottes

„Die Erschaffung Adams" erinnert uns daran, dass Gott uns näher ist, als wir denken. Er ist niemals weiter entfernt als ein Gebet. Wir selbst müssen nur eine kleine Anstrengung unternehmen – das Heben eines Fingers. Jeder einzelne Augenblick – auch dieser jetzt, in dem Sie diese Zeilen lesen – ist ein solch „zeitloser Augenblick", in dem Gott Sie ausrüsten möchte, in dem er Sie einlädt, Ihr Leben zusammen mit ihm zu leben.

Die Bibel ist voll von Hinweisen auf Gottes Allgegenwart. „Der Himmel verkündet es: Gott ist groß! Das Heer der Sterne bezeugt seine Schöpfermacht. Ein Tag sagt es dem andern, jede Nacht ruft es der nächsten zu" (Psalm 19,2–3).

> Gott spricht durch brennende Büsche und sprechende Esel; er schickt Botschaften in Form von Stürmen und Regenbogen und Erdbeben und Träumen; er flüstert mit leiser Stimme. Er spricht, um es mit den Worten von Garrison Keillor auszudrücken, durch „gewöhnliche Dinge wie Kochen oder Geplauder, Geschichtenerzählen und Liebe machen, Fischen, Tiere versorgen und Mais pflanzen, Sport, Musik und Bücher, durch die Kindererziehung – er ist an all den Orten, an denen Soße verspritzt und Gnade verteilt wird".[6]

Gottes größter Wunsch

In der Bibel geht es nicht so sehr um Menschen, die sich nach Gott ausstrecken, sondern vor allem um einen Gott, der sich danach sehnt, Gemeinschaft mit den Menschen zu haben.

Eines Tages saß ich im Flieger neben einem Geschäftsmann. Auf dem Bildschirmschoner seines Laptops sah man das Bild eines strubbeligen kleinen Jungen, der offensichtlich seine ersten wackligen Schritte machte. Ich fragte ihn, ob das sein Sohn sei – was sich als großer Fehler erwies.

Ja, es war sein Sohn, sein einziges Kind. Sagen wir, der Kleine hieß Adam. Der Mann erzählte mir nun in allen Einzelheiten von Adams ersten Schritten, die er vor drei Monaten im Alter von einem knappen Jahr gemacht hatte. Auch von Adams ersten Worten berichtete er mit einer Art ehrfürchtiger Bewunderung, so als ob Klein-Adam das Gehen und Sprechen höchstpersönlich erfunden hätte. Er hatte auch noch eine ganze Menge weiterer Fotos von Adam dabei, der darauf tat, was kleine Kinder eben so tun, und er zeigte sie mir alle. Mit umfassenden Anmerkungen. Meine unmittelbaren Sitznachbarn und ich bekamen sozusagen ein kostenloses Hauptseminar in „Adamologie".

„Ich kann es gar nicht erwarten, ihn wieder zu sehen", sagte der Mann. „In der Zwischenzeit könnte ich mir diese Fotos hundertmal ansehen – das wird mir nie langweilig!" (Allerdings wurde es für mich und die anderen Leute in unserer Sitzgegend doch mit der Zeit etwas ermüdend …)

Warum war dieser Mann von Adam so begeistert? Lag es daran, dass das Kind außergewöhnlich begabt war? Nein. Millionen von Kinder lernen jeden Tag dieselben Dinge. Und ich hätte dem Mann am liebsten unter die Nase gerieben, dass meine eigenen Kinder früher laufen und sprechen gelernt und sich dabei wesentlich geschickter angestellt hatten!

Der Mann war so entzückt von Adam, weil er diesen mit den Augen eines Vaters betrachtete. Alles, was Adam tat, war sozusagen reine Magie. Es spielte keine Rolle, ob andere Kinder dasselbe konnten.

„Sie vermissen Ihren Sohn offensichtlich sehr", meinte ich schließlich. „Wie lange haben Sie ihn denn nicht mehr gesehen?"

„Seit gestern!"

Der Mann konnte es nicht aushalten, auch nur einen Tag ohne seinen Sohn zu verbringen. Er sehnte sich bereits mit jeder Faser seines Herzens nach ihm. Er wollte sein Kind nicht nur aus der Ferne lieben, sondern ganz nah bei ihm sein.

Auf einmal dämmerte es mir: Ich bin das Kind auf Gottes Bildschirmschoner. Und von Ihnen hat er auch ein Bild.

Die winzigsten Details unseres Lebens werden für ihn niemals langweilig. Er schaut sich staunend unsere unsicheren Schritte und die gestammelten Worte an – nicht, weil wir das besser könnten als andere Menschen, sondern weil er sie mit den liebenden Augen eines Vaters betrachtet. Gott zeigt unsere Fotos bei den Engeln herum, bis selbst die ein bisschen angeödet sind. Und die ganze Bibel ist die Geschichte eines Gottes, der durch die Wolken eilt, um bei uns zu sein. Ein Tag ohne uns ist ihm schon zu viel.

Das Ur-Versprechen: „Ich bin bei euch"

Das zentrale Versprechen der Bibel ist nicht „Ich werde euch vergeben", obwohl diese Zusage natürlich auch sehr wichtig ist. Es ist ebenfalls nicht die Aussicht auf ein Leben nach dem Tod, obwohl auch das uns zugesichert wird. Das am häufigsten genannte Versprechen in der Bibel lautet: „Ich bin bei euch."

Bevor Adam und Eva Gottes Gebote zum ersten Mal übertraten und Vergebung brauchten, wurde ihnen Gottes Gegenwart bereits zugesichert. Er ging abends, wenn es kühler wurde, mit ihnen durch den Garten.

Das Versprechen erreichte auch Henoch, der „in enger Verbindung mit Gott gelebt" hatte. Es wurde Noah gegeben sowie Abraham und Sarah, Jakob und Josef und Mose und David und Amos und Maria und Paulus und so vielen anderen, dass man sie gar nicht alle aufzählen kann. Diese Zusage ist der Grund, warum wir Mut fassen dürfen („Sei mutig und entschlossen! Hab keine Angst und lass dich durch nichts erschrecken; denn ich, der Herr, dein Gott, bin bei dir, wohin du auch gehst!"; Josua 1,9). Sie ließ die Kinder Gottes in der Dunkelheit weitergehen („Und muss ich auch durchs finstere Tal - ich fürchte kein Unheil! Du, Herr, bist ja bei mir"; Psalm 23,4).

Gott gab dem Volk Israel die Stiftshütte und die Bundeslade und das Manna und den Tempel und eine Wolkensäule bei Tag und eine Feuersäule bei Nacht – alles Erinnerungszettel mit der Aufschrift: „Nicht vergessen: Ich bin bei euch!"

Als Gott selbst auf die Erde kam, wurde er *Immanuel – Gott mit uns*. Als Jesus die Erde wieder verließ, gab er uns das Versprechen: „Ich bin immer bei euch, jeden Tag, bis zum Ende der Welt" (Matthäus 28,20). Und am Ende der Zeiten, wenn die Sünde nur noch eine ferne und besiegte Erinnerung und die Vergebung überflüssig geworden ist, wird es heißen: „Und Gott selbst wird bei ihnen sein und sie werden sein Volk sein" (Offenbarung 21,3).

„Die grundlegende Botschaft der Bibel ist die Entwicklung eines ‚Lebens mit Gott' auf der Erde, in dessen Mittelpunkt die Person Jesu steht", schreiben Dallas Willard und Richard Foster in einem bisher nicht publizierten Manuskript. Gott ist fest entschlossen, Sie in jeder Hinsicht zu seinem Freund, Gefährten und Lebensmittelpunkt zu machen.

„Ich kann fühlen, wie er herumgeht"

„Finde einen Platz in deinem Herzen", sagte ein altertümlicher Eremit namens Theophan, „und sprich dort mit dem Herrn. Es ist der Empfangssaal Gottes."[7] Manchen Menschen scheint es leichter zu fallen, diesen Ort zu finden, als anderen. Freunde von uns haben eine Tochter, die mit fünf Jahren sagte: „Ich weiß, dass Jesus in meinem Herzen wohnt. Wenn ich meine Hand darauf lege, kann ich fühlen, wie er herumgeht."

Sofia Cavelletti ist eine Wissenschaftlerin, die die geistliche Entwicklung von Kleinkindern untersucht hat. Sie hat herausgefunden, dass kleine Kinder oft intuitiv Dinge erfassen, die weit über das hinausgehen, was man ihnen beigebracht hat. Ein dreijähriges Mädchen beispielsweise, das in einer atheistischen Familie ohne kirchliche Anbindung und ohne eine Bibel im Haus aufwuchs, fragte ihren Vater: „Woher kommt eigentlich die Welt?" Er erklärte ihr streng naturalistisch und naturwissenschaftlich die Entstehung der Erde. Dann fügte er hinzu. „Es gibt aber auch Leute, die sagen, dass all das von einem sehr mächtigen Wesen erschaffen wurde, und dieses Wesen nennen sie Gott." Daraufhin begann das kleine Mädchen, vor Freude wie wild herumzutanzen und rief: „Ich wusste, dass das nicht stimmt, was du mir erzählt hast! *Er* ist es! *Er* ist es!"[8]

Die Autorin Anne Lamott wurde von ihrem Vater ebenfalls atheistisch erzogen. Ihre Geschwister und sie mussten im Alter von 2 oder 3 Jahren einer Art Vertrag zustimmen, dass sie nicht an Gott glauben würden. Doch Anne fand schon bald wieder zu Gott: „Schon als kleines Kind wusste ich, dass jemand zuhörte, wenn ich Hallo sagte."[9]

Manche Menschen scheinen eine Art inneren Radar für die Gegenwart Gottes zu haben. Ebenso wie manche Musiker das perfekte Gehör besitzen, können diese Menschen Gottes Stimme wahrnehmen. Sie sind sich Gottes Anwesenheit ebenso bewusst wie der Schwerkraft. Ihnen zu erzählen, dass sie Gott suchen sollen, wäre so, als würde man einem Fisch sagen, dass er Wasser suchen soll – sie könnten gar nicht anders leben als in Gottes Gegenwart.

Doch ich bin Adam. Ich glaube, dass mein Leben mit der Gegenwart Gottes steht und fällt. Ich weiß, dass Mut und Wegweisung und Hoffnung in ihm wohnen. Doch mir ist auch die Lücke bewusst – selbst wenn es nur eine Haaresbreite ist –, die zwischen uns liegt – meine Schwäche und meine gelegentliche geistliche Gleichgültigkeit –, und ich sehne mich nach Gottes Berührung, die diese Trennung überbrückt.

Dallas Willard (der seine Mutter bereits im Kleinkindalter verloren hat) schreibt über einen kleinen Jungen, dessen Mutter gestorben war. Eines Abends fühlte er sich besonders traurig und allein. Er kam zu seinem Vater ins Schlafzimmer und fragte, ob er bei ihm schlafen dürfte. Und auch dann konnte er erst einschlafen, als sein Vater ihm das Gesicht zudrehte.

„Papa, guckst du zu mir?", fragte er im Dunkeln.

„Ja", sagte sein Vater. „Du bist nicht allein. Ich bin da und habe dir das Gesicht zugewandt."

Dallas schreibt weiter:

„Wie einsam ist doch dieses Leben! Oh, wir kommen in diesem Leben ohne einen Gott zurecht, der zu uns redet. Viele denken wenigstens so. Aber das ist kein rechtes Leben, und es ist mit Sicherheit nicht das Leben, das Gott für uns geplant hat, oder die Fülle des Lebens, die Jesus Christus uns schenken möchte."[10]

Ich möchte leben, während Gottes Gesicht mir zugewandt ist. Ich möchte im Dunkel der Nacht und im Licht des Tages das erfahren, um das Mose betete: „Der Herr segne euch und beschütze euch! Der Herr blicke euch freundlich an und schenke euch seine Liebe! Der Herr wende euch sein Angesicht zu und gebe euch Glück und Frieden!" (Numeri 6,24–25).

Gott mit Jakob

Wer ist ein geeigneter Kandidat für ein solches Leben? Heilige und Mystiker natürlich; die Hingebungsvollen und die Weisen. Doch es sind auch Menschen dazu berufen, die chronisch unzufrieden sind. Rastlose und Anspruchsvolle, Jammerlappen und die, die sich ständig über alles beschweren … und die richtig Unausstehlichen.

Denken Sie daran, was Jakob widerfuhr. Er war nun wirklich kein geistlicher Höhenflieger. Sein Vater hielt nicht sonderlich viel von ihm, weil er ein aufbrausendes Temperament besaß und außerdem viel zu viel zu Hause herumhing. Stattdessen zog sein Vater seinen anderen Sohn, Esau, Jakob offen vor. Zwar war Esau nicht eben das allerhellste Licht und hatte auch ein Problem mit seiner Körperbehaarung, aber als Jäger und Sammler war er sehr brauchbar und auch sonst anscheinend ein guter Kerl.

Eines Nachts befand sich Jakob auf der Flucht vor Esau, der ihn umbringen wollte, weil Jakob ihn und seinen Vater betrogen hatte. Jakob kampierte „an einem Platz" (Genesis 28,11) – das Wort, das hier für „Platz" verwendet wird, ist ein hebräischer Begriff für „kein besonderer Ort" … also so etwas wie Hintertupfingen. Oder sonst irgendwo am Straßenrand, wo es nichts Erwähnenswertes gab. Eine Art Niemandsland.

Jakob hatte nichts getan, das eine Erklärung für das bieten könnte, was nun geschah. Er war ein passiv-kodependenter Sohn einer

Mutter, die ihn für ihre Intrigen eingespannt hatte; er war ein eifersüchtiger Rivale seines Bruders gewesen und hatte seinen Vater skrupellos belogen.

Doch in dieser Nacht hatte Jakob einen Traum. Er sah eine

„breite Treppe, die von der Erde bis zum Himmel reichte. Engel stiegen auf ihr zum Himmel hinauf, andere kamen zur Erde herunter. Der Herr selbst stand ganz dicht bei Jakob und sagte zu ihm: ‚Ich bin der Herr, der Gott deiner Vorfahren Abraham und Isaak. Das Land, auf dem du liegst, will ich dir und deinen Nachkommen geben [...]. *Am Verhalten zu dir und deinen Nachkommen wird sich für alle Menschen Glück und Segen entscheiden* [...]. *Ich werde dir beistehen. Ich beschütze dich, wo du auch hingehst, und bringe dich wieder in dieses Land zurück. Ich lasse dich nicht im Stich und tue alles, was ich dir versprochen habe.'*
Jakob erwachte aus dem Schlaf und rief: ‚Wahrhaftig, der Herr ist an diesem Ort und ich wusste es nicht!'" (Genesis 28,12–16).

Es gibt ja mehr als eine Art zu schlafen. Manchmal werden wir von einer besonderen Segnung aus einer Art Seelen-Koma geweckt: die Geburt eines Kindes, eine unerklärliche Heilung, eine wiederhergestellte Ehe. Manchmal rüttelt uns auch Leid auf: Gott zeigte sich Jakob später, indem er mit ihm rang und ihm die Hüfte ausrenkte. Unsere Seele wird von besonderer Schönheit und besonderem Schmerz angerührt. Doch jeder Augenblick, den wir ohne das Bewusstsein von Gottes Gegenwart leben, ist eine Art Schlafwandeln. Darum schreibt Paulus: „Wach auf, du Schläfer! Steh auf vom Tod! Und Christus, deine Sonne, geht für dich auf" (Epheser 5,14).

> Der bemerkenswerteste Satz von Jakob ist: „... und ich wusste es nicht." Irgendwie hatte er in die falsche Richtung geschaut. Offensichtlich ist es möglich, dass Gott anwesend ist, ohne dass man es mitbekommt. Offensichtlich ist es möglich, dass Gott viel näher ist, als man denkt!

Und genau diese Entdeckung machte auch Jakob.

Jakob nannte den Ort, an dem er diesen Traum hatte, „Bet-El", was „Haus Gottes, der Ort seiner Gegenwart" bedeutet. Diese Stelle wird vom „Niemandsland" zu dem Ort, an dem Gott selbst gegenwärtig ist!

Auf der Jakobsleiter nach unten

In der Sonntagsschule sangen wir früher immer ein Lied, in dem es darum ging, wie wir auf der Jakobsleiter immer höher steigen. Dabei ist dieses Bild falsch; die Jakobsleiter ist nicht dazu da, dass Menschen auf ihr nach oben klettern, sondern dass Gott herabkommt! Bis ganz nach unten auf den Boden, wo wir leben.

Und genau das ist auch die Geschichte des Gottes aus der Sixtinischen Kapelle. Gott ist immer noch ein „heruntergekommener" Gott – ein Gott, der in Ihr Großraumbüro, Ihr Auto, Ihr Wohnzimmer, Ihren Urlaub kommt. Jeder Ort kann zu „Bet-El" werden, dem Haus Gottes – sogar Hintertupfingen. Oder der Sessel, in dem Sie jetzt gerade sitzen.

Jakobs Leben begann sich danach zu verändern; allerdings nicht von einem Moment auf den anderen. Dass Gott mit ihm war, bedeutete nicht, dass er alle Probleme losgeworden wäre oder dass seine Charakterfehler plötzlich verschwunden wären. Doch seine Reise hatte begonnen.

Schließlich ging er sogar das enorme Risiko ein, einen Versuch der Versöhnung mit seinem Bruder zu unternehmen. Statt diesen übers Ohr zu hauen, wollte er ihm alles zurückgeben. Er sandte also großzügige Geschenke voraus: 220 Ziegen, 220 Schafe, 30 Kamele, 50 Rinder, 30 Esel und eine Katze. (Nein, natürlich kommt in der Auflistung keine Katze vor, wie übrigens in der gesamten Bibel nicht – anscheinend mag nicht einmal Gott Katzen so richtig.)

Jakob sah seinen Bruder nach zwei Jahrzehnten der Trennung und der Hassgefühle wieder. Und was würde nun passieren? Würde Esau ihn nun umbringen? „Esau aber lief ihm entgegen, umarmte und küsste ihn. Beide weinten vor Freude" (Genesis 33,4).

Nachdem die beiden während ihrer gesamten Kindheit Rivalen gewesen waren und nachdem sie sich 20 Jahre lang nicht gesehen haben, waren sie nun endlich *Brüder*. Und Jakob machte eine der großartigsten Aussagen der Bibel: „Wie man vor Gott tritt, um Gnade zu finden, so bin ich vor dich getreten, und du hast mich freundlich angesehen" (Genesis 33,10).

Wenn einem Gott einmal in einem ganz gewöhnlichen Augenblick an einem ganz gewöhnlichen Ort begegnet ist, weiß man nie, wann und wo er als Nächstes auftaucht. Vielleicht beginnt man, ihn überall zu sehen – möglicherweise im Gesicht von jemandem, der seit Jahren Ihr ärgster Feind ist …

Gott ist viel näher, als man denkt.

Wenn Gott uns zuwinkt

Meine Lieblingsautorin Mallory Ortberg schreibt:

„Ich bin schon oft gefragt worden, wie ich mir der Existenz eines guten Gottes so sicher sein kann, und ich frage dann immer zurück, ob der Fragesteller Augen im Kopf hat. Gott hat sich unauslöschlich in der Natur verewigt; er hat überall seine Fingerabdrücke hinterlassen, um zu zeigen, wo er gewesen ist. Seine Unterschrift zieht sich quer über die Milchstraße und steht für immer am Himmel über unseren Köpfen. Gott hat auf der ganzen Welt Fragmente seiner selbst verteilt, wie ein Vater, der für seinen Sohn am ersten Osterfest im Garten Eier versteckt und dann mit lachenden Augen hinter einem Baum lauert und zusieht, welche Schätze sein Kind zuerst entdeckt.

Gott ruft uns laut und deutlich überall um uns herum zu. Er ist in der atemlosen Stille einer schneebedeckten Bergkette präsent; er tanzt mit dem Mondlicht auf dem nächtlichen Meer; er versteckt sich zwischen Moos, Farnen und verrottendem Holz im Unterholz des Waldes. Kein zerklüfteter Felsen reckt seine Spitzen in den Himmel, der nicht ein Zeugnis seiner Güte ist. Die Gesamtsumme der Schöpfung; alles, was in der Natur passiert, ist Gott, der uns zuwinkt."

In einer Stadt namens Dotan saß der Diener des Propheten Elisa und hatte Angst, weil er und sein Chef von den Feinden Israels umzingelt waren. „Was sollen wir tun?", rief er. Elisa entgegnete: „Lass dir keine Angst einjagen, weil es so viele sind! Auf unserer Seite stehen noch mehr" (2. Könige 6,16). Dann betete er für den Diener: „Herr, öffne doch meinem Diener die Augen!" Und Gott öffnete ihm die Augen, und da sah der Diener, dass sie von Pferden und Wagen aus Feuer umgeben waren – von einer ganzen Streitmacht Gottes, die sie schützte.

Was wäre, wenn auch wir dieses Gebet sprechen würde? Was wäre, wenn Sie jedes Mal, wenn Sie Sorgen haben oder sich überfordert fühlen, ebenfalls, ohne es zu merken, von Gottes Macht und Schutz umgeben sind? Und was wäre, wenn Gott Ihnen dafür die Augen öffnen würde?

Ein kleiner Junge namens Samuel hörte nachts im Tempel eine Stimme, die seinen Namen rief. Er dachte, es sei sein Mentor, der Priester Eli, und rannte mehrmals in dessen Schlafzimmer. Schließlich begriff Eli, dass es Gott war, der Samuel rief, doch dieser kannte dessen Stimme noch nicht. Deshalb wies Eli ihn an, beim nächsten Mal Gott darum zu bitten, dass er mit ihm reden möge – und dann dem zu gehorchen, was er sagte.

Was wäre, wenn Gott auch zu Ihnen schon länger spräche und Ihren Namen rufen würden – und Sie merken es nur nicht?

Die ersten Nachfolger von Jesus Christus waren nach der Kreuzigung auf der Straße nach Emmaus unterwegs. Ein dritter Mann schloss sich ihnen an – es war Jesus, der mit ihnen redete, ohne dass sie erkannten, wer er war. Bis er zu beten begann. Da wurde ihnen alles klar und sie sagten: „Brannte es nicht wie ein Feuer in unserem Herzen, als er unterwegs mit uns sprach und uns den Sinn der Heiligen Schriften aufschloss?" (Lukas 24,32).

Was wäre, wenn Sie sich auf der Straße nach Emmaus befänden – vielleicht auf Ihrem täglichen Weg zur Arbeit – und Jesus würde neben Ihnen auftauchen? Was wäre, wenn Sie sich den „Gefährten der brennenden Herzen" anschließen und tatsächlich seine Gegenwart erleben würden?

Wie nah ist Gott herangekommen?

Frederick Buechner schreibt:

„Es gibt kein Ereignis, das zu gewöhnlich ist, als dass Gottes Gegenwart nicht in allen Dingen ist – aber sie ist immer verborgen und lässt uns Raum, ihn zu erkennen oder auch nicht … denn letztendlich sind alle Momente Schlüsselmomente, und das Leben selbst ist Gnade."[11]

Wie nah ist Gott uns gekommen? So nah, dass „jede Kreatur" – um es mit den Worten von Thomas von Kempen zu sagen – „uns ein Spiegel des Lebens und ein Buch der heiligen Lehre sein wird".[12] So nah, dass – so Jean Pierre de Caussade – „jeder Moment eine Offenbarung von Gott ist".[13] So nah, dass er in und durch Ihr Leben fließen kann wie ein Fluss. So nah, dass Ihr Herz vor Leben pocht, weil jemand darin umhergeht. Gott ist viel näher, als man denkt!

Lassen Sie erst einmal die Frage beiseite, in welchem Maß Sie eigentlich dazu in der Lage sind, in Ihrem derzeitigen geistlichen Zustand Gottes Gegenwart zu erleben. Lassen Sie auch Ihre früheren Fehler oder Ängste bezüglich der Zukunft außer Acht.

Die Bibel lehrt, dass Gott tatsächlich gegenwärtig ist – jetzt und hier. Michelangelos Gemälde verleiht einer geistlichen Realität

Ausdruck. Der Geist Gottes ist für Sie und für mich zugänglich – er fließt die ganze Zeit, steigt in uns auf, lindert unsere unbefriedigten Bedürfnisse und erfrischt uns und alle um uns herum. Er ist ständig am Werk, immer und überall. Und hier und da wacht irgendwo jemand auf und hört die Stimme, die seinen Namen ruft.

Gott im Schnellimbiss

Es gibt tatsächlich Menschen, die bestätigen können, dass dies so ist. Einer davon war ein Mann namens Nicholas Herman. Nach verschiedenen Aushilfsjobs und einer schrecklichen Zeit beim Militär ging er ins Kloster, wo er als Küchenhilfe arbeitete.

Eines Tages schaute Nicholas gerade auf einen Baum vor dem Fenster, als ihm ein Gedanke kam, den auch der Psalmist vor langer Zeit hatte: Das Geheimnis des Baumes ist die Tatsache, dass er in etwas Anderem und Tieferem wurzelt als in sich selbst. Nicholas beschloss an Ort und Stelle, sein Leben einem Experiment zu widmen, das er „gewohnheitsmäßige, stille, geheime Unterredung der Seele mit Gott" nannte.

Er ist heute unter dem neuen Namen bekannt, den seine Ordensbrüder ihm gaben – Bruder Lorenz. Sein ganzes Leben lang hielt er sich im Hintergrund. Er stand nie auf der Liste der Kandidaten für den Papststuhl und strebte auch nicht die Leitung seiner Organisation an. Er blieb in der Küche. Doch die Menschen, die mit ihm zu tun hatten, hatten das starke Gefühl, dass von ihm Ströme lebendigen Wassers ausgingen, die in ihnen den Wunsch weckten, Gott ebenso kennen zu lernen, wie er ihn kannte.

„Der gute Bruder fand Gott überall", schrieb einer von ihnen, „ebenso sehr, wenn er Schuhe reparierte, wie wenn er mit der Gemeinschaft betete."[14] Nach Lorenz' Tod stellten seine Freunde aus seinen Briefen und Äußerungen ein Buch zusammen. Es trägt den Titel „Die Gegenwart Gottes, eine wirkliche Erfahrung" und gilt – neben der Bibel – als eines der meistgelesenen Bücher der letzten vier Jahrhunderte. Dieser klösterliche Bulettenbräter hat wahrscheinlich mehr Bücher verkauft als John Grisham, Tom Clancy und J. K. Rowling zusammen!

Gott mit dem Professor

Das Angebot dieses Lebens mit Gott gilt heutzutage immer noch. Als meine gute Freundin Kim noch ein kleines Mädchen war, hielt ihr Vater eines Tages an der Straße an, um einer Frau dabei zu helfen, einen Platten an ihrem Wagen zu wechseln. Während ihr Vater am Auto herumhantierte, kam ein anderes Fahrzeug von der Straße ab, rammte den liegen gebliebenen Wagen und schob diesen auf ihren Vater. Dabei wurde dessen rechter Daumen abgetrennt, fünf seiner Rippen brachen, und sein linker Lungenflügel wurde perforiert und begann sich mit Blut zu füllen. Seine Frau, die nur 1,55 Meter klein war, legte beide Hände an die Stoßstange des Autos und betete: „Im Namen des Herrn Jesus Christus!" – und dann schob sie den Wagen von ihrem Mann herunter (erst Wochen später erfuhr sie, dass sie sich dabei einen Wirbel angebrochen hatte!).

Kims Vater befand sich in einem Schockzustand, als er ins Krankenhaus eingeliefert wurde. Die Ärzte bereiteten sich auf eine Notoperation vor. „Sein Daumen wird ihm nicht viel nutzen, wenn er an der Lungenverletzung stirbt", entschied einer der Mediziner. Das Leben von Kims Vater hing an einem seidenen Faden.

Doch ganz plötzlich veränderte sich seine Gesichtsfarbe von Aschgrau zu einem gesunden Rosa. Er erlebte eine echte Wunderheilung, in deren Folge das gesamte vollkommen überraschte OP-Team in ein Loblied einstimmte. Er brauchte nicht einmal mehr Sauerstoff. Später erfuhr er, dass exakt in diesem Augenblick sein Schwiegervater, ein Pastor, seine Gemeinde im Gebet für ihn angeleitet hatte.

Manchmal stammen solche Geschichten aus nicht sehr seriösen Quellen – wie beispielsweise gewissen Blättchen, die an der Ladenkasse verkauft werden und die neuesten Berichte über außerirdische Besucher enthalten. In diesem Falle handelte es sich bei dem Betroffenen aber um James Loder, einen Professor des Theologischen Seminars von *Princeton*. Er wurde nicht nur gerettet, sondern sein Leben wurde auch vollkommen umgekrempelt. Bis zu diesem Tag war Gott trotz seiner Lehrtätigkeit am theologischen Seminar für ihn nur eine ziemlich abstrakte Idee gewesen. Nun wurde Jesus zu einem lebendigen Bestandteil seines Lebens. Kim berichtete, dass ihr Vater ein so empfindsames Herz bekam, dass er in *Princeton* als „der weinende Professor" bekannt wurde. Er begann, jeden Augenblick in einer in Gott gebadeten und von Gott durchdrungenen Welt zu leben.

Jetzt sind wir dran

Geistliches Wachstum ist gewissermaßen eine Erweiterung der Fähigkeit, Gottes Gegenwart in unserem Leben zu spüren, so Bruder Lorenz:

„[Ich] *beschäftige mich nur damit, mich immer in Gottes heiliger Gegenwart zu halten durch ein schlichtes Aufmerken und einen gesammelten und liebevollen Blick auf Gott. Ich könnte auch von der wirksamen Gegenwart Gottes sprechen, oder noch besser, von einer stummen und heimlichen Unterredung der Seele mit Gott, die gewissermaßen nicht mehr aufhört.*“[15]

Was wäre, wenn Gott wirklich so nah wäre? Vielleicht verpasse ich ihn nur, weil ich einfach nicht fähig bin, ihn in alltäglichen Situationen zu bemerken? Vielleicht ist ja unser Herzschlag wirklich mehr als nur der mechanische Ausdruck eines komplizierten biologischen Vorgangs, eine Art Echo von Gottes Stimme in uns, das Murmeln seiner Liebe? Es gibt Menschen, die Gott so selbstverständlich in ihrem täglichen Leben entdecken wie die Zeitung im Briefkasten. Sie fassen sich ans Herz und spüren, wie er dort umhergeht.

Niemand hat je die Gegenwart Gottes so stark verspürt wie Jesus selbst. Er war so eng mit Gott verbunden, dass er sagen konnte, alles, was er tue, sei das Resultat von Gottes Macht. Er war Gott so hingegeben, dass er wahrheitsgemäß sagen konnte, seine größte Freude sei es, Gottes Willen zu tun. Er war sich seines Vaters so sicher, dass ihn weder bedrohliche Stürme noch feindselige Menschenmassen zum Wanken bringen konnten. Der Strom des Lebens floss breiter durch diesen Mann Jesus als durch irgendjemanden sonst. Und als er starb, zerriss der Vorhang, der die Menschen vom Allerheiligsten trennte, in zwei Teile. In Jesus berührte Gott Adam.

Der sehr klaren Lehre von Jesus zu Folge sind nun wir an der Reihe. Was Jakob, Elisas Diener, dem kleinen Samuel und einer Hand voll entmutigter Jünger auf dem Weg nach Emmaus widerfahren ist, was Bruder Lorenz am Küchenfenster und James Loder im Krankenhaus erlebten, kann jederzeit wieder passieren.

Jesus war sicher, dass dieser unsichtbare Strom immer weiter fließen würde: in einem Büro in San Francisco, einem Häuschen in einem Vorort von London, einem Klassenzimmer in Prag, einer Tankstelle in Düsseldorf. Er kann sich über Elektriker und Börsenmakler und Rentner ergießen. Sogar in Hintertupfingen! Er kann allein erziehende Mütter von Kleinkindern erfüllen und in einem Krankenhausbett hervorquellen, in dem ein Mensch das Tal des Todes durchwandert.

Auch in Ihnen kann der Strom zu fließen beginnen. Am Ende dieses Kapitels finden Sie ein paar Ideen, wie man lernen kann, die Gegenwart Gottes wahrzunehmen. Ich möchte Sie dazu einladen, diese in den kommenden beiden Wochen jeden Morgen zu lesen und Ihr persönliches Experiment in Sachen „Leben mit Gott" zu beginnen.

Jahrhunderte lang stehen die Menschen nun schon Schlange, um das Fresko von Gott und Adam an der Decke der Sixtinischen Kapelle zu betrachten. Doch was wäre, wenn das Wunder, das Michelangelo in seinem Kunstwerk andeutet, in unserem Leben schon längst Wirklichkeit sein könnte? Was wäre, wenn ein noch viel größerer Künstler als Michelangelo auf der Leinwand unseres Alltagslebens am Werk ist? „Gott allein ist fähig, sich uns so zu zeigen, wie er wirklich ist", schrieb Bruder Lorenz. „Gott selbst malt sein Bild in die Tiefen unserer Seele."[16]

Es kann jederzeit passieren, an jedem Ort, bei jedermann. Gleichgültig, wie alt Sie sind, in welcher Phase Ihres Lebens Sie sich gerade befinden, wie es um Ihr persönliches Temperament bestellt ist oder welchen Beruf Sie ausüben – das alles sind für Gott keine Hindernisse. Alles, was Sie tun müssen, ist, den kleinen Finger zu heben.

Gott ist viel näher, als man denkt!

Fundamentale Wahrheiten meines Lebens mit Gott

- Gott ist ständig gegenwärtig und am Werk, ob ich ihn nun wahrnehme oder nicht.
- Gottes Gegenwart wahrzunehmen und zu erleben ist ein erlerntes Verhalten; ich kann es kultivieren.
- Meine Aufgabe besteht darin, Gott jetzt, in diesem Augenblick, entgegenzugehen.
- Ich bin immer versucht, außerhalb dieses Augenblicks zu leben. Wenn ich das tue, verliere ich das Gefühl von Gottes Gegenwart.
- Manchmal scheint Gott weit weg zu sein – aus Gründen, die ich nicht verstehe. Diese Augenblicke stellen aber auch Gelegenheiten dar, etwas zu lernen.
- Wenn ich versage, kann ich immer wieder von vorn beginnen.
- Niemand weiß, wie stark ein menschliches Wesen Gottes Gegenwart maximal erleben kann.
- Meine Sehnsucht nach Gott ist wechselhaft wie Ebbe und Flut, aber sein Wunsch nach Gemeinschaft mit mir ist immer gleich.
- Jeder Gedanke trägt eine geistliche „Polung" in sich, die mich entweder näher zu Gott zieht oder von ihm wegtreibt.
- Gott interessiert sich für jeden Aspekt meines Lebens (Arbeit, Beziehungen, Hobbys, tägliche Erledigungen).
- Die Art und Weise, wie ich Gottes Gegenwart in meinem Leben spüre, ist vermutlich anders als bei anderen Menschen.
- Es bringt nichts, sich mehr anzustrengen.

Lesen Sie sich diese Wahrheiten in den kommenden beiden Wochen einmal täglich durch und kultivieren Sie die Wahrnehmung von Gottes Gegenwart in Ihrem Leben.

Kapitel 2

Wo ist Walter?

*„Wir können die Gegenwart Gottes vielleicht ignorieren,
aber umgehen können wir sie nicht.
Die Welt ist voll von ihm. Er bewegt sich überall inkognito.
Und dieses Inkognito ist nicht immer leicht zu durchschauen.
Die wahre Anstrengung besteht darin,
sich daran zu erinnern, auf ihn zu achten."*
Armand Nicholi[1]

Auf Michelangelos Bild muss Adam nur den kleinen Finger regen, um die Hand Gottes zu berühren. Gott ist so unglaublich nah! Das lehrt die Bibel, und daran glaube ich auch. Und doch ist es nicht ganz so einfach – für mich jedenfalls nicht. Manchmal wünschte ich, Gott würde sich deutlicher zeigen, vielleicht ab und zu aus den Wolken herabkommen und den Lake Michigan teilen, damit ich sein Handeln einmal aus erster Hand erlebe.

Gott ist eben trotz allem unsichtbar, unhörbar und unberührbar. Keiner meiner anderen Freunde ist so, und es wäre ziemlich schwierig, mit ihnen Beziehungen zu pflegen, wenn es so wäre! Manchmal hebe ich den Finger; manchmal versuche ich es wenigstens, aber es scheint nicht viel zu passieren.

Wenn ich über dieses Thema spreche, stellen meine Zuhörer immer Fragen wie diese:

- „Warum spüre ich Gottes Gegenwart in meinem Alltag manchmal deutlicher und manchmal weniger stark?"
- „Wenn es so ‚natürlich' ist, Gott in allem um mich herum zu erkennen (in der Natur, in meinen Mitmenschen etc.), warum ist es dann so schwer, seine Gegenwart zu spüren – besonders dann, wenn ich ihn wirklich dringend brauche?"
- „Warum merke ich oft keine Reaktion, wenn ich Gott suche? Stelle ich irgendwie die falsche Frage? Wie kann ich wissen, ob es an mir liegt?"

Dies sind auch genau die Fragen, die ich mir im Zusammenhang mit diesem Thema selbst stelle. Dann erinnere ich mich an einen Künstler, der eine ganze Buchserie geschrieben hat, in der es um die Frage geht: „Wo ist Walter?"

„Manchmal versteckt er sich"

Walter wird es nie in die Sixtinische Kapelle schaffen. Er sieht kein bisschen so aus wie die majestätische Gottheit von Michelangelo. Walter ist ein linkischer Sonderling mit dicker Brille, einem hoffnungslos unmodischen Klamottenstil und einem albernen Hut. Ein Zeichner namens Martin Handford hat ihn erfunden. Eigentlich war Walter mehr ein Zufallsprodukt. Handford hatte eine Bildersequenz mit einer Menschenmenge gemalt und den Sonderling eingebaut. Es stellte sich heraus, dass Kinder völlig fasziniert davon waren, diesen Mann in der Menge ausfindig zu machen – und daraus entstand eine ganze Buchserie namens „Wo ist Walter?", von der inzwischen über 40 Millionen Titel in 28 Ländern verkauft wurden![2]

Dieser seltsame Typ namens Walter steckt angeblich auf jeder Seite der Bücher, das versichert uns jedenfalls der Autor. Doch was mich angeht, kann ich das nicht bestätigen. Für ein ungeübtes Auge ist er manchmal nicht zu entdecken. Man muss schon wirklich wild darauf sein, ihn zu finden.

Wenn man ihn findet, erlebt man ein Gefühl der Freude und des Stolzes. Tatsächlich gehört es zum Erfolgsgeheimnis der Walter-Bücher, dass man die Fähigkeit, Walter zu entdecken, trainieren kann und muss. Wenn es zu einfach wäre, würde kein Mensch die Bücher kaufen. Der Schwierigkeitsgrad der Aufgabe macht den Reiz aus, und je schwieriger es wird, desto mehr wächst auch die Fähigkeit des Betrachters, Walters Gesicht aus den anderen herauszufiltern. Der Autor selbst sagt, er würde Walter verstecken, damit Kinder lernen, sich dessen bewusst zu werden, was um sie herum passiert. „Ich möchte, dass sie an Orten Wunder entdecken, an denen sie nicht damit gerechnet hätten."

Manchmal braucht man eine ganze Weile, um Walter zu finden. Es erfordert Geduld. Manchen Menschen gelingt es besser als anderen. Und manche geben irgendwann einfach auf.

Unter anderem ist es deshalb so schwierig, Walter zu finden, weil er so gewöhnlich aussieht. Auf den ersten Seiten ist seine

Anwesenheit noch recht offensichtlich. Später ist er schon versteckter, aber die anderen Personen auf der Seite sind Riesen oder Seeschlangen, sodass er immer noch auffällt.

Dann schließlich kommt die letzte und schwierigste Seite. Auf dieser ist der echte Walter in einer ganzen Horde weiterer Walters versteckt, die sich bis auf irgendein winziges Detail vollkommen gleichen – beispielsweise ein fehlender Schnürsenkel oder etwas in dieser Art. Handford lässt zu, dass rivalisierende Walters seine wahre Identität verhüllen. Vielleicht hat man ihn schon längst gesehen, ohne es zu merken! Wo ist Walter? Warum zeigt er sich nicht einfach ganz deutlich? Warum verbirgt er sein Gesicht? Er ist vielleicht nicht abwesend, aber er weicht uns aus. Er ist sozusagen der *Waltus absconditus* – der Walter, der sich versteckt.

Lassen Sie jeden Tag, jeden Augenblick eine Seite des Buches werden. Gott ist da – das sagt uns jedenfalls die Bibel. Doch von Seite zu Seite wird es immer wieder einmal schwieriger, ihn zu finden. Bruder Lorenz schrieb: „Gott hat verschiedene Mittel, uns zu ihm zu ziehen; er verbirgt sich manchmal vor uns."[3] Lassen Sie uns also den Walter-Faktor Gottes einmal näher unter die Lupe nehmen.

Regenbogentage

Gott ist auf manchen Seiten ganz leicht zu finden. „Der Herr sah, dass die Menschen auf der Erde völlig verdorben waren. Alles, was aus ihrem Herzen kam, ihr ganzes Denken und Planen, war durch und durch böse. Das tat ihm weh, und er bereute, dass er sie erschaffen hatte" (Genesis 6,5–6). Gott sagte Noah, dass er auf ihn aufmerksam geworden war und dass Noah und seine Familie vor dem kommenden Unheil verschont bleiben sollten und die neue Hoffnung der Welt darstellten. Gott machte ganz deutlich: „Mit dir aber schließe ich meinen Bund. Ich verspreche dir: Du sollst gerettet werden" (Genesis 9,9 f.).

Und Noah entgegnete: „Wow!"

Zumindest schätze ich, dass er so etwas in der Art sagte. Von diesem Tag an dachte Noah jedes Mal, wenn er einen Regenbogen sah, an Gottes Versprechen. Beim Anblick eines Regenbogens wusste er immer, dass er nicht allein war. Gott war sehr gegenwärtig.

Jetzt überspringen wir ein paar Generationen. Gott kam zu einem Mann namens Abram. In einer Welt voller Gewalt ließ er

Abram wissen, dass er auf ihn aufmerksam geworden war und dass er ein Segen für die Völker werden würde. Abram würde seine Heimat und alles verlassen müssen, was ihm vertraut war, um an einen Ort zu ziehen, den er nicht kannte. Aber er musste es nicht allein tun, sondern Gott sagte:

„Ich schließe mit dir einen Bund und mache dir die feste Zusage: Ich will dir unermesslich viele Nachkommen geben. […] Ich bin euer Gott und werde euch das ganze Land Kanaan geben, in dem du jetzt als Fremder lebst. Für immer soll es deinen Nachkommen gehören, und ich werde ihr Gott sein. […] Mein Bund mit dir und deinen Nachkommen legt euch eine Verpflichtung auf, die ihr erfüllen müsst, in jeder kommenden Generation: Jeder von euch, der männlichen Geschlechts ist, muss beschnitten werden" (Genesis 17,2.7–10).

Ich sehe es förmlich vor mir, wie Abraham – Gott gab ihm nämlich auch einen neuen Namen – sagte: „Ähm, also, Herr – Noah hat einen Regenbogen bekommen … könnten wir nicht eine Art geheimes Handzeichen oder einen magischen Ring nehmen oder so was?"

Abrahams Tag war deutlich schmerzhafter und härter als der von Noah. Aber eines war klar – Gott muss an diesem Tag sehr gegenwärtig gewesen sein!

An Regenbogentagen ist Gottes Gegenwart unmissverständlich spürbar. An Regenbogentagen ist der Vorhang, der das Natürliche vom Übernatürlichen trennt, sehr durchscheinend. Ich habe noch nie ein solches Erlebnis gehabt wie Noah oder Abraham. Ich bin kein Zeuge einer Fleischwerdung Gottes geworden. Ich habe auch noch kein empirisch belegbares Wunder erlebt. Überhaupt habe ich noch nie ein Erlebnis mit Gott gehabt, bei dem die himmlische Abteilung für Spezialeffekte mitgewirkt hat. Aber einige fadenscheinige Stellen im Vorhang habe ich durchaus schon erlebt.

Bei der Geburt jedes meiner drei Kinder war ich ganz stark davon überzeugt, dass soeben viel mehr als nur ein Zellklumpen zur Welt gekommen war. Ich wusste, dass ich eingeladen war, etwas Übernatürlichem beizuwohnen. Als ich diese Geburten erlebte, war es mir einfach nicht möglich, *nicht* zu glauben! Es war, als ob Gott selbst mit im Raum wäre (was übrigens auch erklären würde, warum meine Frau während der Wehen so oft seinen Namen rief). Die Geburten meiner Kinder waren definitiv Regenbogentage.

An Regenbogentagen ist Ihr Leben mit so viel Gutem und mit so viel Bedeutung erfüllt, dass Sie einfach nicht an einen Zufall glauben *können*. An Regenbogentagen spüren Sie den brennenden Wunsch zu beten, und Sie sind ganz sicher, dass Gott Sie hört – und Sie sind bereit, alles zu tun, was er sagt. An Regenbogentagen scheint Gott ganz persönlich durch die Bibel zu Ihnen zu sprechen. Sie haben das Gefühl, dass es eine gute Sache ist, am Leben zu sein, und alles Schöne, das Sie sehen, erfüllt Sie mit tiefer Dankbarkeit dem Gott gegenüber, der all dies erschaffen hat. Sünde wirkt kein bisschen verlockend. Wenn Sie in diesem geistlichen Bereich sind, können die Kinder literweise Kirschsaft auf den nagelneuen hellen Teppich schütten, und Sie lachen nur nachsichtig und erzählen ihnen, dass Sie als Kind auch oft etwas verschüttet haben.

Regenbogentage sind Geschenke

Es passiert jedoch schnell, dass man solche Zeiten für selbstverständlich nimmt oder davon ausgeht, dass es jetzt immer so weiterläuft. Aber das ist ein großer Irrtum. Eine wichtige Frage, die wir uns stellen sollten, ist, welche Faktoren zu einer solchen Zeit der geistlichen Blüte beigetragen haben.

Während ich diese Worte schreibe, sitze ich an einem Montagmorgen in einem Landhaus auf einem Hügel. Ich bin meilenweit von jedem Lärm entfernt und sehe durch das eine Fenster den Sonnenaufgang und durch das gegenüberliegende blicke ich direkt auf den Pazifik. Es ist Januar und die Wale schwimmen auf ihrer alljährlichen Wanderung die Küste hinunter zur *Baja California* – so ähnlich wie die Kanadier, die Timesharing-Apartments in Florida besitzen.

Irgendwie ist es schwierig, Gottes Gegenwart *nicht* zu spüren, wenn man die Sonne in ihrer stillen Pracht aufgehen sieht oder den Wellen lauscht, die sich schon seit Tausenden von Jahren an diesem Strand brechen. Wenn ein Wal auftaucht, um Luft zu holen, lässt das mein Herz aus irgendeinem Grund schneller schlagen. („Da ist das weite, unermessliche Meer, darin wimmelt es von

Lebewesen, von großen und kleinen Tieren. Schiffe ziehen dort ihre Bahn und die gefährlichen Meerungeheuer – du hast sie geschaffen, um damit zu spielen", heißt es in Psalm 104,Verse 25 und 26.)

Das Haus gehört einem Freund, und ich würde mich liebend gern von ihm adoptieren lassen, damit ich jeden Morgen hier aufwachen kann. Mir fällt an diesem Ort nämlich wieder auf, wie viel offener und empfänglicher ich für Gottes Gegenwart bin, wenn Zurückgezogenheit, Stille und die Schönheit der Schöpfung ein Teil meines Lebens sind.

Menschen, die weise sind, lernen Regenbogentage als Geschenke wahrzunehmen. Sie speichern sie in ihrem Herzen für die Zeiten, in denen Gott weit entfernt zu sein scheint.

Eine der Gefahren von Regenbogentagen ist jedoch, dass wir anfangen zu denken, wir hätten diese Zeiten irgendwie verdient, weil sie die Frucht unserer geistlichen Reife seien. Schnell neigen wir dann dazu, Menschen abzuurteilen, bei denen gerade kein Regenbogen in Sicht ist.

Wie wir gehört haben, kann man Walter in den beliebten Büchern auf den ersten Seiten noch ganz leicht finden. Je weiter man jedoch vordringt, desto schwieriger wird es. Etwas Ähnliches geschieht auch oft in unserem geistlichen Leben. Johannes vom Kreuz[4] schrieb, dass Gott Menschen, die Christen werden, oft zuerst mit dem starken Wunsch erfüllt, ihn zu suchen. Sie lesen in der Bibel, beten eifrig und möchten anderen Menschen dienen. Dies sind alles Geschenke Gottes, mit denen er sie in Bewegung bringt – eine Art geistliches Starthilfekabel. Nach einer Weile lässt dieser geistliche Eifer dann aber nach. Gott nimmt die Überbrückungskabel weg, damit wir in einer Hingabe wachsen können, die echt genug ist, um uns auch in Zeiten zu tragen, in denen wir nicht von starken Gefühlen erfüllt sind.

Ganz normale Tage

In manchen Phasen unseres geistlichen Lebens verfallen wir in eine Art Standby-Modus. Das Leben wird zur Routine, es gibt keine größeren Krisen, keine welterschütternden Probleme, aber auch keine Höhen. Wir leben recht bequem vor uns hin.

Unser Engagement in der Gemeinde ist ein bisschen mechanisch geworden, und wir haben den Eindruck, dass wir uns auf einem gut eingefahrenen Gleis befinden. Wenn wir ehrlich sind, ist es ein wenig langweilig. Wir haben nicht das Gefühl, mit Gott in Bewegung zu sein.

Wenn Probleme auftauchen, neigen wir instinktiv dazu, uns Sorgen zu machen – und nicht zu beten. Wenn wir morgens aufwachen, wenden sich unsere Gedanken automatisch zuerst dem zu, was wir an dem Tag noch zu erledigen haben, statt der aufregenden Aussicht, mit Gott zusammen neue Abenteuer zu erleben. Wenn die Kinder Kirschsaft auf den Teppich kippen, reagieren wir wenig großmütig.

Walter ist auch auf diesen Seiten unseres Lebens präsent. Wir können ihn entdecken, wenn wir daran denken, ihn zu suchen. Doch vermutlich bemerken wir ihn nicht, denn andere Dinge haben unsere Aufmerksamkeit.

Es gibt einen faszinierenden Satz im 1. Buch Samuel, der den Zustand des Volkes Israel in den letzten Tagen der Ära der Richter beschreibt. Viele der Herausforderungen, die dem Volk deutlich vor Augen geführt haben, wie sehr es auf Gott angewiesen war, liegen nun hinter ihnen. Der Pharao ist längst besiegt, die Zehn Gebote und der Berg Sinai sind nichts Neues mehr, und Manna existiert höchstens noch in der Erinnerung der Menschen. Die spannende Zeit von Mose und Josua ist vorüber. Das Wunder des Auszugs aus Ägypten ist vollendet, die Mühen der Landeroberung sind geschafft und das Volk hat sich im Gelobten Land häuslich eingerichtet. Der Verfasser beschreibt das geistliche Klima mit den Worten: „In jener Zeit kam es nur noch selten vor, dass der Herr zu einem Menschen sprach und ihm etwas offenbarte“ (1. Samuel 3,1).

Selten, aber nicht *nie*. Die Menschen befinden sich nicht in einem Stadium der Auflehnung. Die Stiftshütte steht noch immer zur Anbetung offen und es werden Opfer dargebracht. Doch es ist keine Zeit großer geistlicher Abenteuer. Gott mag zwar anwesend sein, doch die Menschen denken nicht so oft an ihn wie damals,

als er das Rote Meer teilte. Der Himmel verkündet immer noch, dass Gott groß ist, aber die Menschen sind ziemlich abgelenkt.

Manchmal ist das Wort Gottes auch bei uns ausgesprochen rar geworden.

Geistliche Gewohnheitstiere

Psychologen, die sich mit dem Bereich der Wahrnehmung befassen, sprechen von einem Phänomen namens „Habituation“. Wenn ein neues Objekt oder eine Anregung in unser Umfeld kommt, sind wir uns dessen zunächst extrem bewusst, doch diese Aufmerksamkeit lässt mit der Zeit nach. Wenn wir zum Beispiel eine neue Armbanduhr haben, spüren wir sie ständig an unserem Handgelenk. Doch nach einer Weile bemerken wir gar nicht mehr, dass sie da ist. Wenn Menschen in eine neue Wohnung einziehen, haben sie meist eine ganze Liste von Dingen, die unbedingt noch repariert oder angebracht werden müssen, weil der Zustand so absolut unerträglich ist. Fünf Jahre später ist noch kein einziger der Punkte auf der Liste erledigt, aber der Zustand stört sie überhaupt nicht mehr.

Vor Jahren besaßen wir einen Hund, der leidenschaftlich gern unsere Möbel fraß. Wenn ich sage „fraß“, meine ich nicht, dass er daran kaute. Nein, er futterte die gesamte Rückenlehne unseres Sofas, bis die Füllung herausquoll, und dann vertilgte er auch noch den größten Teil der Füllung. Das Traurige daran ist, dass wir uns an das halb gefressene, Schaumstoff auswerfende Sofa gewöhnten. Nach einer Weile merkten wir gar nicht mehr, wie es aussah. Wir *habituierten.*

Eine der größten Herausforderungen im Leben besteht darin, das zu bekämpfen, was man als geistliche Habituation bezeichnen könnte. Wir driften schnell in einen geistlichen Standby-Modus und versuchen, dies auch noch zu rechtfertigen: „Ich begehe ja schließlich keine skandalösen Sünden! Ich habe nichts getan, was meinen Platz im Himmel gefährden könnte. Ich mache mich doch ganz gut.“ Und dabei vergessen wir, dass Jesus nie gesagt hat: „Ich bin gekommen, damit ihr euch ganz gut macht.“ Wir leiden unter einer Art geistlichem Aufmerksamkeitsdefizit, das Gott irgendwie irgendwann wird durchbrechen müssen.

Wenn wir unser Leben mit dem „geistlichen Autopiloten" leben, fließen keine Ströme lebendigen Wassers voller Energie und Freude durch uns. Stattdessen sieht es – zumindest bei mir – dann meist so aus:

- Ich schreie meine Kinder an.
- Ich mache mir viel zu viele Gedanken um Geld und Arbeit.
- Ich bin neidisch auf Leute, die besser aussehen und/oder erfolgreicher sind als ich.
- Ich benutze Notlügen und kleine Betrügereien, um meine Haut zu retten.
- Ich urteile hart über Menschen, vor allem, wenn ich sie heimlich beneide.

Geistliche Habituation ist in gewisser Weise gefährlicher als eine handfeste Verirrung, weil sie sich so subtil und unauffällig einschleichen kann. Meist geht mit ihr auch eine Unfähigkeit zur Selbsterkenntnis einher.

Wir fühlen uns zu Kindern, Heiligen und Poeten hingezogen, weil sie Dinge *bemerken*, die wir übrigens gar nicht mehr wahrnehmen. „Aber etwas habe ich an euch auszusetzen", schreibt Johannes an die Gemeinde in Ephesus. „Eure Liebe ist nicht mehr so wie am Anfang. Bedenkt, von welcher Höhe ihr herabgestürzt seid! Kehrt um und handelt wieder so wie zu Beginn!" (Offenbarung 2,4–5).

Wir haben im ersten Kapitel gesehen, dass Gott Jakob in Bet-El einen Traum gesandt hat.

> Warum sendet er uns nicht jede Nacht solche Träume? Warum verwandelt er nicht jeden unserer Tage in einen Regenbogentag? Vielleicht, weil er möchte, dass wir lernen, ihn im Alltäglichen wahrzunehmen, statt uns auf das Außergewöhnliche zu stützen. Vielleicht hat es auch damit zu tun, dass Gott, wenn er ständig unseren Appetit auf Spezialeffekte stillen würde, ein bisschen wie eine Mutter wäre, auf die ihre Kinder nur noch dann hören, wenn sie die Stimme erhebt.

Nancy und ich haben in der Kindererziehung ein seltsames Phänomen entdeckt. Wenn wir unseren Kindern laut und deutlich etwas sagen, können sie uns ganz hervorragend ausblenden. Aber wenn wir die Stimmen senken, um etwas Privates miteinander zu besprechen (zum Beispiel Geburtstagsgeschenke oder Disziplinierungsmaßnahmen), wachsen ihnen sofort Riesenohren. Worte, die wir flüstern, werden drei Räume und zwei geschlossene Türen weiter noch gehört. Es ist, als hätten unsere Kinder eine Art inneren Radarschirm für Informationen, die wir ihnen vorenthalten wollen, und könnten plötzlich Fähigkeiten entwickeln, für die die CIA viel Geld bezahlen würde.

Vielleicht ist das der Grund, warum Gott so leise spricht – damit wir gezwungen sind zuzuhören. Vielleicht lädt er uns auf diese Weise ein, so zu werden wie eine der Figuren in dem wunderbaren Buch „Die Herren der Insel“, über die der Autor Pat Conroy schreibt:

„Heute weiß ich, dass ich eigentlich gerne so durch die Welt gegangen wäre wie er, ein Narr mit brennendem Glauben, voll überschwänglicher Liebe zu Gott. Wie er hätte ich dann Gott gedankt für Austern und Tümmler, für den Gesang der Vögel und das Wetterleuchten. Ich hätte Gottes Bild in Bachtümpeln und in den Augen streunender Katzen gespiegelt gesehen und mit Hofhunden und mit Singvögeln gesprochen, als wären sie meine Freunde und Weggefährten auf den sonnenverbrannten Landstraßen, berauscht von der Liebe zu Gott. Nächstenliebe verströmend wie ein Regenbogen, der unbekümmert seine Farben mischt und zwei weit entfernte Horizonte mit seinem prächtigen Bogen verbindet. Ich hätte die Welt mit Augen gesehen, die überall nur Wunder erkennen, und meine Stimme hätte nur das Lob Gottes verkündet.“[5]

Vielleicht sind ganz normale Tage gar nicht gewöhnlich, sondern ein Teil des vorgeschriebenen Kurses, den man absolvieren muss, um staunende Augen und lobpreisende Zungen zu entwickeln. William Barry schreibt: „Ob wir uns dessen bewusst sind oder nicht – in jedem Augenblick unserer Existenz begegnen wir Gott, dem Vater, dem Sohn und dem Heiligen Geist, der versucht, unsere Aufmerksamkeit zu erregen und mit uns in eine Beziehung zu treten, die auf gegenseitiger Aufmerksamkeit basiert.“[6]

Vielleicht werden wir nur dann lernen, Gott Aufmerksamkeit zu schenken, wenn wir uns darin üben – ähnlich wie beim Gewichtheben oder beim Erlernen einer Fremdsprache.

Den Tag reflektieren

Eine Technik aus dem Bereich des Filmgeschäfts lehrt uns, wie wir Gott im Alltäglichen wahrnehmen können. Der Drehbuchautor Bob Fisher hat einen sehr leidenschaftlichen Artikel darüber verfasst, warum Filmcrews jeden Morgen zuerst das Material sichten sollten, das sie am Vortag gedreht haben. Wenn sie die Zeit dafür opfern, haben sie die Möglichkeit, kleine Fehler sofort zu korrigieren und sich an dem zu freuen, was gut geraten ist. Um es mit Fishers Worten zu sagen: „Wenn man sich die Tagesausbeute an Filmmaterial anschaut, ist das für alle aufbauend. Es verleiht allen neue Energie.“[7]

Ebenso hilfreich ist es für uns, wenn wir vor Tagesbeginn ein paar Minuten damit zubringen würden, den vorangegangenen Tag mit Gott zu reflektieren. Das können Sie jetzt gleich tun, indem Sie vor Ihrem inneren Auge den gestrigen Tag Revue passieren lassen und sich und Gott dabei fragen, inwiefern er in jeder „Szene“ gegenwärtig war. Beginnen Sie mit dem Moment des Aufwachens. Gott war da und weckte Sie auf – eine Art Mini-Auferstehung. An was haben Sie zuerst gedacht? Was wollte Gott Ihnen wohl in diesem Augenblick mitteilen?

Gehen Sie dann von einer Szene zur nächsten durch Ihren ganzen Tag. Wenn ich mental wiederhole, wie ich am Morgen meine Familie begrüßt, gefrühstückt und die üblichen Meetings im Büro absolviert habe, erkenne ich gewisse Verhaltensmuster und beispielsweise Anzeichen für Angst oder Ärger, die mir gar nicht auffallen, wenn ich mir die Zeit zur Reflexion nicht nehme. Vor allem aber sehe und höre ich, wie Gott durch all diese Szenen zu mir spricht. Ich begreife, dass er mir durch einen anderen Menschen oder einige Sätze in einem Buch oder ein herzhaftes Lachen etwas mitteilen wollte. Und je häufiger ich einen solchen Rückblick vollziehe, desto besser lerne ich ihn auch im Jetzt zu erkennen.

Ich habe schon oft Gruppen dabei angeleitet, sich fünf Minuten Zeit für diese Übung zu nehmen. Am Ende frage ich gewöhnlich, wer dabei einen Grund zur Dankbarkeit gefunden hat. Ausnahmslos jeder hebt dann die Hand! Wir finden regelmäßig heraus, dass auch der gewöhnlichste Tag seine Regenbogenmomente hat.

Geistliches Versteckspiel

Manchmal spüren wir Gottes Gegenwart in unserem Leben nicht, aber das ist gar nicht weiter verwunderlich. Tatsache ist, dass wir in unserer Sehnsucht nach Gott ausgesprochen selektiv sind. Manchmal *wollen* wir gar nicht, dass Gott uns nah ist.

Dallas Willard erzählt in einem seiner Bücher von einem kleinen Mädchen, das eines Tages im Garten das Geheimnis entdeckte, wie man Matsch herstellt (den sie „warme Schokolade" nennt). Ihre Großmutter saß mit einem Buch dabei, hatte aber nicht auf die Kleine geachtet. Nachdem sie die Bescherung aufgewischt hatte, erklärte sie der kleinen Larissa, dass diese jetzt lieber keine „Schokolade" mehr machen sollte. Dann drehte sie ihren Stuhl so, dass sie die Enkelin im Blick hatte.

Bald kehrte die Kleine zur Schokoladenproduktion zurück und hatte dabei nur eine höfliche Bitte, die sie so niedlich vorbrachte, wie es nur Zweieinhalbjährige können: „Schau nicht hin, Oma, ja?"

Oma, die wohl ein wenig kodependent war, nickte.

Larissa stellte also große Mengen Matsch her und erinnerte ihre Großmutter währenddessen mehrmals daran, dass sie nicht hinsehen solle.

Willard schreibt: „So zeigt uns die zarte Seele eines kleinen Kindes, wie wichtig es uns ist, dass niemand unser Fehlverhalten beobachtet."[8]

Jedes Mal, wenn wir uns dazu entschließen, etwas Falsches zu tun oder etwas Richtiges nicht zu tun, möchten wir dies im Verborgenen erledigen. Es könnte sogar sein, dass dies das meistgebrauchte Gebet ist (auch wenn wir es meist nicht merken oder zugeben wollen): „Schau nicht hin, Gott!"

Es war auf jeden Fall das erste Gebet, das nach dem Sündenfall gesprochen wurde. Gott kam, um im Garten Eden spazieren zu gehen und mit Mann und Frau zusammen zu sein, und er rief: „Wo seid ihr?"

„Ich hörte dich kommen und bekam Angst, weil ich nackt bin. Da habe ich mich versteckt!" (Genesis 3,9–10).

Schau nicht hin, Gott.

Ein Geschäftsmann checkt spätabends im Hotel ein. Er weiß,

welche Art von Filme nachts in Hotels zu sehen sind, aber es wird ja niemand erfahren. Auf dem Fernseher steht der freundliche Hinweis, dass die Titel der ausgewählten Filme nicht auf der Rechnung erscheinen. Also los – niemand wird es erfahren. Doch zuerst muss er noch ein kleines Gebet sprechen: „Schau nicht hin, Gott."

Eine Mutter mit einem Wut-Problem beschließt, ihre Kinder anzuschreien, weil sie so frustriert ist und eine verzerrte Form der Befriedigung daraus ziehen wird, anderen Schmerz zuzufügen. Doch zuerst muss sie ein kleines Gebet sprechen: „Schau nicht hin, Gott."

Ein Angestellter, der eine Abrechnung ein kleines bisschen manipulieren will …

Ein Schüler, der bei der Mathearbeit mal eben auf das Arbeitsblatt seines Nachbarn schaut …

Ein Gemeindemitglied, das erstklassigen Tratsch verbreiten will …

Ein Angestellter, der vorhat, einen Kollegen schlecht aussehen zu lassen …

Alle müssen zuerst ihr kleines Gebet aufsagen.

Natürlich sprechen wir es nicht laut aus! Vermutlich geben wir vor, es nicht einmal zu merken, aber unser Herz trifft seine Entscheidung: „Schau nicht hin, Gott."

Nach einer Weile geht uns dieses Gebet so sehr in Fleisch und Blut über, dass wir es wirklich nicht mehr merken. Die Geschichte von Samson berichtet von so etwas. Samson war ein Mann mit enormem Potenzial zum Guten, der sich aber so von seinen Impulsen steuern ließ, dass er jeden Schwur brach, den er Gott gegenüber einmal ausgesprochen hatte. Am Ende seines Lebens steht der traurige Satz: „Er wusste nicht, dass der Herr ihn verlassen hatte" (Richter 16,20).

Es besteht ein Bezug zwischen unserem Charakter und unserer Fähigkeit, die geistliche und moralische Realität wahrzunehmen. Geizhälse sind beispielsweise nicht in der Lage, Großzügigkeit als solche zu erkennen; wenn jemand großzügig ist, interpretieren sie das als Naivität oder Bestechungsversuch. Zyniker sind unfähig zu glauben, dass jemand andere Menschen von Herzen liebt; sie sind sicher, dass jeder Mensch im Grunde nur an sich denkt.

Das Gesetz der Spülbürste

Sünde hat immer zur Folge, dass unsere Fähigkeit, Gott im Jetzt und Hier zu erleben, eingeschränkt wird. Ich denke da zum Beispiel an das Gesetz der Spülbürste.

Ich versuche schon seit einigen Jahren, jeden Tag meines Lebens zu einem Abenteuer in Sachen „Gottes Gegenwart" zu machen. Ich versuche, meine Gedanken morgens als Erstes auf ihn auszurichten. Eines Morgens hatte ich zum Frühstück Müsli gegessen, und nachdem ich meine Schüssel abgewaschen hatte, hing die Spülbürste voller Müslireste.

Meine Frau fragte: „Bist du fertig mit spülen? Dann wäre es schön, wenn du die Spülbürste noch sauber machen könntest, sonst verklebt alles."

Ich fühlte mich angegriffen. Immerhin hatte ich überhaupt gespült und war daher ziemlich stolz! Deshalb sagte ich etwas sehr Dummes: „Nein, ich bin noch nicht fertig." Tatsache war aber, dass alles gespült war. Und was sollte ich jetzt wohl noch vorhaben? Mir die Müslireste in die Haare schmieren? Es war nicht nur eine Lüge, sondern eine unvorstellbar blöde Lüge. Selbst ich konnte mir nicht weismachen, dass ich auch nur eine Sekunde daran glaubte!

Doch solange ich sie aufrechtzuerhalten versuchte, war eine seltsame Dynamik im Gange. Ich musste genug Ärger, Verletztheit und Stolz aufbringen, um mich zu rechtfertigen. Ich musste das kleine wohlbekannte Gebet sprechen. Doch sobald ich meiner Frau gegenüber zugab, dass ich mich gerade höchst lächerlich verhalten hatte, konnte ich mit dem Quatsch aufhören und Walter wieder auf der Seite erkennen.

Das Gesetz der Spülbürste lautet also wie folgt: Jede Entscheidung zur Sünde – ganz egal, wie klein sie ist – verringert meine Fähigkeit, Gott zu erleben. Die Spülbürste wurde für mich zu einer Art Symbol, das mich daran erinnert, wie schnell ich dazu neige, mich vor der Realität (Gottes) zu verstecken.

Wenn Gott abwesend scheint

Jetzt kommen wir zum schlimmsten aller Zustände. Manchmal kann ich Walter einfach nicht finden, und wenn ich es noch so sehr versuche. Manchmal scheint es so zu sein, dass Gott nicht gefunden werden *will*, auch wenn wir es noch so sehr wollen.

Ich habe Zeiten erlebt, in denen ich mit aller Kraft versucht habe zu beten, doch meine Gebete schienen sofort von der Decke abzuprallen. Es gab auch Tage, an denen ich wichtige Entscheidungen zu treffen hatte. Ich sagte Gott, dass ich tun würde, was immer er mir auftrug, wenn er mir nur sagen würde, was er von mir wollte. Und ich hörte – nichts! Dann gab es Phasen, in denen sich die Angst in meinem Magen zusammenballte und ich Gott wieder und wieder bat, mir Frieden zu schenken. Doch der Schmerz blieb.

Und so geht es nicht nur mir.

Ein Mädchen namens Nancy befand sich in einer romantischen Beziehung, die aus ihrer Sicht zweifellos auf eine Ehe hinauslaufen würde. Doch das geschah nicht. Sie betete und Gott antwortete nicht. Sie wurde wütend und bekam immer noch keine Reaktion. Sie war traurig, nahm zehn Kilo ab und wurde nicht getröstet. Diese Phase dauerte nicht ewig, aber sehr lange Zeit konnte sie Gott einfach nicht in ihrem Bild erkennen. Schließlich konnte sie diese Beziehung dann loslassen und heiratete später mich – irgendwie kann man also von einem Happyend sprechen.

Manchmal verlaufen die Geschichten noch dramatischer. Einer meiner Freunde ist der klügste Mensch, den ich kenne. Wir sind zusammen aufs College gegangen, und ich kenne niemanden, der mehr über Gott und den Glauben an ihn gelesen und nachgedacht hat als er. Innerhalb von nur wenigen Jahren verlor er auf Grund einer Verkettung unglücklicher Umstände seine Ehe, sein Zuhause, seine finanzielle Sicherheit und seinen Job. Ihm blieb nur noch ein einziger Trost: seine Tochter, die er liebte und die ihn genauso liebte. Sie war ebenso klug wie ihr Vater. Schon als sie noch nicht zur Schule ging, lasen sie gemeinsam „Der Herr der Ringe“, und sie kannte sämtliche Figuren in diesem Mammutwerk. Weil er alles andere verloren hatte, war sie die Sonne, um die sich seine kleine Welt drehte.

Eines Tages war sie bei Bekannten und man machte eine Ausfahrt mit einer Pferdekutsche. Bei einer Flussdurchquerung scheuten die Pferde und das Mädchen wurde ins Wasser geschleudert. Erst nach Stunden fand man ihre Leiche.

Mein Freund hatte nun alles verloren. Er fragte sich, wo Gott ist, wenn etwas so Kostbares wie das Leben eines Kindes durch einen solch unsinnigen Wurf des kosmischen Würfels ausgelöscht wird.

Ein junger Mann aus meinem Bekanntenkreis stammt aus einer stark gestörten Familie, in der Gewalt und sexueller Missbrauch an der Tagesordnung waren. Es war wunderbar, seine wachsende Freundschaft mit Jesus zu beobachten. Für jeden, der ihn kennt, ist er ein absolutes Vorbild im Glauben. Er ist in der Gemeinde sehr aktiv und diszipliniert in seinen Zeiten mit Gott. Er kann vor anderen seinen Glauben sehr eloquent vertreten und tut das auch oft und gern. Doch hinter all seiner Disziplin verbirgt sich die tief sitzende Angst, dass er Gott nie wirklich erleben wird. Heimlich denkt er sogar darüber nach, zum Judentum überzutreten, weil dort die persönliche Beziehung zu Gott nicht so stark betont wird.

Der Vorteil des Nichtwissens

Das Gefühl, dass Gott sich absichtlich verborgen hat, ist so stark, dass wir ihm noch ein ganzes Kapitel widmen werden. Im Augenblick möchte ich nur den Gedanken in den Raum werfen, dass Gott sich vielleicht manchmal verbirgt, weil er etwas vorhat.

George MacDonald hat einen Roman über einen Pastor namens Thomas Wingfold geschrieben, der von seinen Zweifeln und seiner Unfähigkeit, Gottes Gegenwart zu spüren, frustriert ist. Er beschließt, sein ganzes Leben einzig und allein der Nachfolge Jesu zu widmen, obwohl er seine Zweifel hat. Eines Tages kümmert er sich um einen sterbenden Mann, der durch seinen positiven Einfluss zum Glauben gefunden hat. „Ich wünschte, ich könnte nach dem Tod noch einmal zurückkommen“, sagt der Sterbende zu Wingfold, „damit Sie von Ihren Zweifeln befreit würden und sich des Glaubens ganz sicher sein könnten.“

Und dann sagt Wingfold die Worte, die ich nie vergessen werde: „Nein, selbst wenn Sie das könnten, würde ich es nicht zulassen. Ich möchte Gott nicht einen Moment früher erkennen, als er es für richtig hält. Lieber möchte ich den Vorteil des Nichtwissens haben.“[9]

Es war mir vorher noch nie in den Sinn gekommen, dass es möglicherweise einen guten Grund dafür gibt, warum Gott uns über gewisse Dinge im Unklaren lässt – den Vorteil des Nichtwissens. Jahre später fiel mir dieser Satz wieder ein, als meine Tochter nach kurzem Anklopfen mein Zimmer betrat. Sie hatte sich bei einem College beworben und wollte dringend wissen, ob sie angenommen worden war. Während wir uns unterhielten, wurde mir klar, dass diese Zeit der Ungewissheit für sie eine einmalige Gelegenheit darstellte, etwas zu lernen. Wenn sie es schaffte, sich trotz der Ungewissheit nicht unterkriegen zu lassen, würde in ihrer Seele eine Kraft heranreifen, die dort nie hätte Wurzeln schlagen können, wenn sie sofort erfahren hätte, ob sie bekommen würde, was sie wollte. Das Nichtwissen hat offenbar einen Vorteil.

Vor einiger Zeit hörte ich im Radio ein Interview mit Marv Levy, der das Team der *Buffalo Bills* viermal in Folge ins *Super Bowl*-Finale geführt hat – das sie allerdings nie gewannen. Der Interviewende fragte ihn: „Wie sind Sie mit der Ungewissheit umgegangen, aufs Feld hinauszugehen und keine Ahnung zu haben, wie es ausgeht? Wie haben Sie die Aufregung im Zaum gehalten?"

Levys Antwort ist mir bis heute in Erinnerung geblieben: „Wenn Sie Sicherheiten haben wollen, haben Sie sich die falsche Sportart ausgesucht." Das ist eben der Unterschied, wenn man in ein *Super Bowl*-Spiel geht statt ins Theater – bei „Hamlet" weiß man, dass der Held am Schluss stirbt. Stellen Sie sich doch nur einmal vor, zwei Teams würden das Feld betreten, und vorher wäre schon klar, wer gewinnt. Da würde wohl nicht mehr viel Adrenalin ausgeschüttet! Wenn man über etwas im Ungewissen ist, bedeutet das nicht, dass man seinen Sorgen hilflos ausgeliefert ist; vielmehr ruft uns Nichtwissen zum Vertrauen auf, und Vertrauen ist lebensnotwendig für uns. Die Ungewissheit ist ein wesentlicher Bestandteil jedes Spiels!

Willkommen im Menschsein! Gott möchte offenbar, dass wir Menschen zwar das Endergebnis von gestern, nicht aber das von morgen kennen. Das bedeutet nicht, dass wir dazu verdammt sind, ängstlich und voller Sorgen durchs Leben zu gehen. Es bedeutet Folgendes: *Wenn Sie auf Sicherheiten aus sind, sind Sie in der falschen Gattung zur Welt gekommen.* Wir können hier unten nur im Glauben vorwärts gehen, nicht im Wissen. Vielleicht haben wir deshalb mit den ungewissen Zeiten in unserem Leben zu kämpfen. Und vielleicht hat auch Thomas Merton Recht – er sagte einmal, dass es, wenn man Gott ganz mühelos finde, vielleicht gar nicht Gott sei, den man gefunden habe.[10]

Bruder Lorenz wiederum schrieb, dass er zunächst nicht besonders gut darin war, Gottes Gegenwart vor allem anderen zu suchen, obwohl er sich ganz darauf konzentrierte: „[…] es schien mir, als wären die Schöpfung, die Vernunft, ja Gott selber gegen mich, und nur der Glaube spräche für mich."[11] Dieses Gefühl chronischen Versagens hielt zehn Jahre lang an! „Als ich schließlich den Punkt erreicht hatte, an dem ich erwartete, dass der Rest meines Lebens ähnlich schwierig verlaufen würde, fand ich mich plötzlich verändert."

Gott, wo man ihn am wenigsten vermutet

Man muss dem Autor vertrauen. Man muss daran glauben, dass Gott gute Gründe dafür hat, seine Gegenwart nicht allzu offensichtlich zu zeigen. Das eröffnet Wesen, die so klein und zerbrechlich sind wie wir Menschen, eine gewisse Entscheidungsfreiheit, die wir nicht hätten, wenn Gottes unendliche Macht ganz unverhüllt vor unserer Nase stünde. Menschen, die hinter einem Streifenwagen herfahren, überschreiten nie das Tempolimit – nicht immer, weil sie einsichtig sind, sondern weil sie nicht angehalten werden möchten.

Gott möchte, dass wir seine Gegenwart erkennen, aber nicht auf eine Art, die uns überwältigen und uns und ihm die Möglichkeit nehmen würde, dass wir ihn aus freien Stücken lieben lernen. „Gott ist wie ein Mensch, der sich räuspert, während er sich versteckt, und sich damit verrät", sagte Meister Eckhart treffend.[12]

Man weiß nie, wo er sich zeigt oder durch wen er spricht oder welches unwahrscheinliche Szenario er für seine Zwecke gebraucht. Nach der Auferstehung schaute Maria Magdalena Jesus direkt an, hielt ihn aber wohl für eine Art Gärtner.

Gott ist immer gegenwärtig, das sagt uns jedenfalls die Bibel, aber oft zeigt er sich auf unerwartete Art und Weise. Er reist gern inkognito. Er ist ein Meister der Verkleidung.

Das Bildnis Gottes, das Michelangelo geschaffen hat, ist berühmt geworden. Wahrscheinlich ist es sogar die Darstellung, die den größten Einfluss auf das Bild hat, das Menschen im Kopf haben, wenn sie versuchen, sich Gott vorzustellen. Es spiegelt etwas von der Majestät und Stärke wider, die wir mit dem Gott des Universums in Verbindung bringen.

Doch als Gott auf diese Erde kam, um hier mit uns zu leben –

Immanuel –, sah er nicht so aus wie bei Michelangelo. Es war, als hätte er Walters Kassenbrille und sein gestreiftes Hemd angezogen – er sah ganz normal aus. Er war nicht besonders gut aussehend oder sonst irgendwie außergewöhnlich. In der Bibel wird sogar berichtet, dass er schwach genug gewirkt hat, um von den Menschen abgelehnt zu werden (Jesaja 53,2–3).

Gott ist also im wahrsten Sinne des Wortes „heruntergekommen“, um in einer Futterkrippe zu liegen und dann einen Job im Baugewerbe anzunehmen, bei dem er täglich stundenlang Nägel in Holz hämmern musste. Gott war auf jeder Seite gegenwärtig, aber niemand entdeckte ihn, weil jeder jemanden erwartete, der so mächtig aussah wie der Gott auf Michelangelos Gemälde.

Wo ist Walter? Er ist gleich um die Ecke. Er verbirgt sich dort, wo man ihn am wenigsten erwartet. Er ist auch auf der nächsten Seite zu sehen. Überall dort, wo Menschen bereit dazu sind, die ganze Welt mit Augen zu betrachten, die für Wunder offen sind.

Er ist viel näher, als man denkt. Also kommen Sie mit mir ins nächste Kapitel. Es ist Zeit, die Lücke zu schließen.

Kapitel 3

Leben mit Gott

„Wer [in der Bibel] *außer Jesus hat denn wirklich gewusst, wo oben und unten ist? Niemand* […]. *Jesus hat erkannt, dass es keine Trennung von Gott gibt."*

J. D. Salinger[1]

Bis vor Kurzem hat meine Frau eine Jugendarbeit betreut, die ungefähr 1.500 junge Erwachsene erreichte, was bedeutete, dass sie ständig von (zumeist männlichen!) Mittzwanzigern umgeben war. Das hatte diverse Auswirkungen auf mein Leben. Unter anderem musste ich dafür sorgen, dass ich mich in exzellenter körperlicher Verfassung befand. Zweitens lernte ich viel mehr über postmoderne Beziehungsmuster, als ich sonst jemals erfahren hätte.

Ein Eckpfeiler ist beispielsweise ein Gespräch, das als „BDG" bekannt ist – wenn Sie unter 30 sind, wissen Sie vermutlich, dass das für „Beziehungsdefinitionsgespräch" steht und was es bedeutet. Für alle anderen unter uns hier die Erklärung: Dieses Gespräch erfolgt gewöhnlich zwischen einem Mann und einer Frau, die romantische Gefühle füreinander hegen, in Bezug auf Dauerhaftigkeit und Exklusivität aber noch etwas unsicher sind. Es geht beim BDG um die Frage: „Haben wir nur ein bisschen Spaß miteinander oder ist es was Ernstes?"

Ein solches Gespräch bahnt sich meist wie folgt an: Die Person, die ernsthaftere Absichten hegt, sagt zum wackligeren Teil der Beziehung ungefähr Folgendes: „Ich finde, wir sollten mal ein kleines BDG führen." Die reine Erwähnung dieser drei Buchstaben erhöht den Pulsschlag des Angesprochenen um das Dreifache, weil es natürlich so etwas wie ein „*kleines* BDG" gar nicht gibt.

Ein geistliches BDG

Als Jesus auf dieser Erde war, bedeutete eine Beziehung mit ihm unausweichlich auch ein BDG, und zwar eher früher als später.

Jesus regte ständig solche Gespräche an. Und die waren keineswegs bequem und oft auch nicht angenehm.

Jesus bat die Menschen sanft, aber unnachgiebig darum, eine Entscheidung hinsichtlich ihrer Beziehung zu ihm zu treffen. Seine Einladung lautete: „Komm mit mir, folge mir und lerne von mir." Und dies zog eine fundamentale Entscheidung nach sich.

Wir leben im Hier und Heute. Jesus hat versprochen, dass er und sein Vater kommen und in uns leben werden, wenn wir das möchten. Wenn wir also an diesem Abenteuer mit Jesus teilnehmen wollen, müssen wir nur eine einzige Entscheidung fällen. Diese kann in Form eines einfachen Gebets artikuliert werden (eine Anregung dazu, wie das aussehen kann, finden Sie weiter hinten in diesem Kapitel). Wir werden lernen, es immer wieder zu sprechen – am Anfang des Tages, am Ende des Tages und hundertmal dazwischen.

Jesus selbst sagte, bei dieser Entscheidung sei „nur eins [...] nötig" (Lukas 10,42). Um mehr über diese Entscheidung zu erfahren, wollen wir uns jetzt ein BDG von Jesus mit einer Frau namens Martha ansehen.

Es geht nicht um Persönlichkeitstypen

Jesus besucht seine Freunde Maria und Martha. Maria setzt sich ihm zu Füßen, um mehr über ihn zu erfahren, doch Martha arbeitet eifrig in der Küche und beklagt sich bei ihm darüber, dass Maria ihr nicht hilft. Sie befindet sich unter demselben Dach wie Jesus, und doch sind die beiden Schwestern Welten voneinander entfernt. Martha ist in seiner Nähe, erlebt aber keine Vertrautheit mit ihm:

„Martha, Martha, du machst dir viele Sorgen und verlierst dich an vielerlei, aber nur eins ist nötig. Maria hat die richtige Wahl getroffen. Sie hat sich für ein Gut entschieden, das ihr niemand wegnehmen kann" (Lukas 10,41–42).

Diese Geschichte wird oft missverstanden und so interpretiert, dass es darin um zwei unterschiedliche Persönlichkeitstypen geht. Maria gehört nach dieser Interpretation zu den stillen, nachdenklichen Menschen, die es mit Sokrates halten: „Ein Leben ohne Selbsterforschung [verdient] aber gar nicht, gelebt zu werden."[2]

Sie wissen Ruhe, Klarheit und Tiefgang zu schätzen. Sie möchten das Leben in seiner ganzen Tiefe erforschen.

Der Martha-Typ ist im Gegensatz dazu geschäftig, aktiv und zielorientiert. Wenn Sie multitaskingfähig sind, ist Martha sozusagen Ihre Galionsfigur. Was sie in der Geschichte tut – nämlich gleichzeitig eine Mahlzeit zubereiten, das Haus putzen, einer geistlichen Lehrstunde lauschen und dabei noch ihrer Schwester sagen, was sie tun und lassen soll –, scheint für einen solchen Charaktertyp vollkommen normal zu sein. Als Martha-Persönlichkeit lesen Sie jetzt in diesem Augenblick nicht nur dieses Buch, sondern schreiben auch noch schnell eine Einkaufsliste. Oder nein, wahrscheinlich läuft gerade die Hörbuchversion im Autoradio, während Sie die Mailbox Ihres Handys abhören, einen doppelten Espresso schlürfen und sich je nach Geschlecht rasieren oder Lippenstift auftragen.

In dieser Geschichte geht es aber einzig und allein um die Beziehung zu Jesus. Viele Menschen verstehen sie fälschlicherweise so, dass wir alles niederlegen müssen, was wir gerade tun, um Gemeinschaft mit Jesus haben zu können, so als hätte Jesus grundsätzlich etwas gegen To-do-Listen und Erledigungen. Wenn man wirklich die Gegenwart Gottes erleben will, so der Tenor dieses Interpretationsansatzes, dann muss man alles Tun und Streben einstellen und einfach *sein.* Wenn Sie eher ein Maria-Typ sind, freuen Sie sich jedes Mal, wenn diese Geschichte erzählt wird. Wenn Sie eine Martha in Ihrem Leben haben, sind Sie bereits versucht, ihr diese Seite zu kopieren, weil Sie auf Ihre nette, kontemplative Art denken: *Dann kriegt sie mal so richtig ihr Fett weg!*

Doch da gibt es ein Problem.

Es gibt diese unangenehmen Bibelstellen, in denen Jesus so einiges zum Thema „Tun“ zu sagen hat. Er erzählt oft Geschichten von arbeitenden Menschen, und in nicht nur einer davon ist es der Fleißige, der das Lob einheimst, während der „entspannte Passive“ einige weniger nette Bezeichnungen zu hören bekommt. In einer Geschichte sagt ein Vater zu seinen beiden Söhnen: „Geht und arbeitet im Weinberg“ (Matthäus 25,26). Der Sohn, der der Ansicht ist, dass die Leichtigkeit des Seins nicht im Tun liegt, kommt gar nicht gut weg.

Jesus sagt von sich selbst: „Meine Nahrung ist, dass ich dem gehorche, der mich gesandt hat, und sein Werk vollende“ (Johannes 4,34). Er ermahnt uns, Gott zu bitten, dass er Arbeiter in seine Ernte senden möge. Das Letzte, was Jesus seinen engsten Freunden mitgab, war der Auftrag, in die ganze Welt auszuschwärmen und sich der Mission zu widmen, andere Menschen zu Gott zu führen und sie alles zu lehren, was er ihnen beigebracht hatte (Lukas 10,2; Matthäus 28,18–20). Das entpuppte sich als eine ganze Menge Arbeit! Und genau in diesen arbeitsintensiven Auftrag hinein versprach Jesus: „Ich werde immer bei euch sein."

Wenn die Geschichte aus dem Lukasevangelium uns wirklich vermitteln sollte, dass nur die Maria-Typen die volle Gegenwart Gottes erleben können – dass es also grundsätzlich besser ist, im Wohnzimmer zu sitzen, statt in der Küche zu arbeiten –, warum sind dann Jesus und seine Nachfolger in sämtlichen Evangelien immer so *beschäftigt*?

Für eine Mutter von Kleinkindern sind Begriffe wie „Einsamkeit", „Rückzug" und „Stille" kaum mit der Realität zu vereinbaren oder sogar Widersprüche in sich: Kann es wirklich Gottes Plan sein, dass sie in ihrem aktiven Alltag Gott weniger erlebt als ein Eremit in seiner Höhle?

Diese Denkweise veranlasst viele Nicht-Mönche dazu, sich gar nicht erst ernsthaft nach Gottes Gegenwart auszustrecken. Doch wir haben es hier mit dem Irrglauben zu tun, dass das persönliche Temperament oder die Anforderungen des eigenen täglichen Lebens unausweichlich dem Leben in der Gegenwart Gottes im Wege stehen.

„Zu den Füßen Jesu sitzen"

Lassen Sie uns noch etwas tiefer in die Geschichte von Maria und Martha einsteigen, denn in Wirklichkeit geht es darin überhaupt nicht um Persönlichkeitstypen. Sie ist ein BDG über eine fundamentale Entscheidung und ein fundamentales Hindernis. Beide sind ausschlaggebend für jeden Menschen, der Gott auf jeder Seite seines Lebens entdecken will.

Am Anfang der Geschichte sagt Lukas, dass Martha Jesus ihr Haus öffnete. Das bedeutet wohl, dass er dort einige Zeit verbrachte, zumindest aber über Nacht blieb. Im Nahen Osten wurde Gastfreundschaft damals sehr groß geschrieben. Es gab keine Motels oder Jugendherbergen; Reisende waren von der Gastfreundschaft ortsansässiger Privatpersonen abhängig. Erstaunlicherweise war Jesus bereit, in einem Haus einzukehren, das einer unverheirateten Frau gehörte und von ihrer ebenfalls unverheirateten Schwester mitbewohnt wurde. Wir neigen dazu, dieses Detail zu überlesen, aber einen Leser aus dem ersten Jahrhundert hätte diese Tatsache zutiefst schockiert! Ein unerhörtes Verhalten für einen Rabbi dieser Zeit! Und es erklärt eine gewisse Spannung, die man der Geschichte anmerkt.

Diese Spannung wird bei Lukas' Beschreibung dessen, was Maria tat, noch etwas erhöht – sie „saß zu den Füßen Jesu".

Das ist nicht nur einfach eine Beschreibung ihrer Sitzposition. Und es bedeutet ganz sicher nicht, dass Jesus nun von Maria erwartete, dass sie für den Rest ihres Lebens nichts anderes mehr tat, als dekorativ herumzusitzen. Es ist ein Hinweis darauf, dass Maria eine fundamentale Entscheidung getroffen hatte. Zu jemandes Füßen zu sitzen bezeichnete in der damaligen Zeit das Verhältnis zwischen Lehrer und Schüler.

Als Paulus beispielsweise vor einer jüdischen Zuhörerschaft in Jerusalem seine Herkunft erläuterte, tat er dies mit den folgenden Worten: „Ich bin ein jüdischer Mann […] und mit aller Sorgfalt unterwiesen im väterlichen Gesetz zu Füßen Gamaliels" (Apostelgeschichte 22,3; Luther).

Wenn man jemanden zu seinem Rabbi erklärte, bedeutete das zunächst einmal, dass man bewusst die Entscheidung traf, mit diesem Menschen zu gehen. Ein Jünger war jemand, der sich dazu entschlossen hatte, alles von seinem Rabbi zu lernen, was es zu lernen gab. Ein Jünger versuchte, *ständig* mit seinem Rabbi zusammen zu sein, nicht nur für begrenzte Unterrichtszeiten. Er wollte beobachten, wie sein Rabbi mit Geld umging, was er tat, wenn eine Frau ihn ansprach. Die Jünger rissen sich darum, in der Nähe ihres Rabbis zu sein, wenn er Erledigungen ausführte, etwas zu Essen machte oder auch ins Badezimmer (!) ging, denn es war ja möglich, dass sie anderenfalls etwas Wichtiges verpassten.

Der jüdische Talmud enthält sogar eine Geschichte, in der davon berichtet wird, dass ein Jünger sich unter dem Bett seines Rabbis versteckte, damit er zugegen sein konnte, als der Rabbi abends mit seiner Frau ins Bett ging! Er wurde erwischt, und der Rabbi wollte verständlicherweise wissen, was der Jünger zwischen seinen Hausschlappen zu suchen hatte. Die Antwort ist heute ein Klassiker: „Auch dies ist Tora und ich muss alles lernen!“[3] (In diesem Fall fand der Rabbi aber, der Lerneifer ginge ein bisschen zu weit.) Ein altes Sprichwort lautete passenderweise auch: „Lass dein Haus zu einem Treffpunkt der Weisen werden, sitze im Staub zu ihren Füßen und trinke durstig ihre Worte.“[4]

Der Staub des Rabbi

Der Bibelforscher Ray Vander Laan merkt an, dass die Juden des 1. Jahrhunderts einen Segen kannten, der auf wunderschöne Weise die Hingabe eines Jüngers beschreibt, der ganz in der Gegenwart seines Lehrers leben will: „Mögest du immer vom Staub deines Rabbi bedeckt sein.“[5] Das bedeutet im Grunde: „Mögest du ihm so dichtauf folgen, dass der Staub, den seine Füße aufwirbeln, sich auf dir niederlässt.“

Wie ein Entenküken, das auf seine Mutter geprägt ist und ihr überallhin folgt, wollte ein Jünger seinen Rabbi nie aus den Augen lassen. Die einzelnen Aktivitäten, mit denen sie sich befassten, waren gar nicht so wichtig – entscheidend war nur die Gegenwart des Rabbi. Alles stellte eine Gelegenheit dar, dazuzulernen, um so zu werden wie der Rabbi. Man kann „zu den Füßen Jesu sitzen“, während man betet, Verträge aushandelt, den Kindern etwas zu Essen macht oder einen Film ansieht! Dazu muss man nur eines tun: Jesus bitten, dass er einen in diesem Augenblick begleitet und lehrt.

Und diese Entscheidung hatte Maria getroffen. Jesus sagte, dass nur eine Sache entscheidend sei, und dies war die eine Sache, die ihr niemand mehr nehmen konnte. Es ging hier nicht darum, dass sie nun den Rest ihres Lebens mit kontemplativem Herumsitzen verbringen würde, während Martha die ganze Arbeit allein machte. Die eine wichtige Entscheidung war, bei Jesus zu sein, ganz gleichgültig, was um sie herum geschah.

Und das ist auch die Entscheidung, die uns zu Jüngern macht: dass wir beschließen, ständig mit Jesus zusammen zu sein und von ihm zu lernen, so zu werden wie er.

Haben Sie sich jemals bewusst für diese eine Sache entschieden? Was wäre, wenn Sie von nun an jeden Morgen mit dem Gebet aufstehen würden: „Heute möchte ich mich vom Staub meines Rabbi bedecken lassen!"? Und wenn Sie dieses Gebet dann den ganzen Tag über immer wieder aussprechen würden, wenn es Ihnen in den Sinn kommt?

Vielleicht sind Sie der Überzeugung, dass Sie nicht ausreichend qualifiziert sind. Dann habe ich noch ein weiteres Detail für Sie, das oft übersehen wird, obwohl dies zur Zeit Jesu niemandem passiert wäre. Schätzen Sie mal, wie viele Rabbis vor Jesus weibliche Schüler hatten … Kein einziger. Kein respektabler Rabbi hätte eine Frau nahe genug an sich herankommen lassen, dass diese auch nur ein einziges Staubkörnchen abbekam! So war es bis zu Jesus. Jesus machte Gottes Gegenwart skandalöserweise für jeden erreichbar, der sich danach sehnt – Mann oder Frau, Jung oder Alt, Eremit oder Hausfrau, Bauer oder König.

Gott ist viel näher, als man denkt!

Das fundamentale Hindernis

In der Zwischenzeit war Martha in der Küche. Lukas macht uns an dieser Stelle auf das große Hindernis aufmerksam, das uns oftmals davon abhält, mit Jesus zusammen zu sein – Martha war von all ihren Pflichten und Vorbereitungen *abgelenkt*. Lukas schreibt nicht, dass sie einfach zu viel um die Ohren hatte oder es mit dem Perfektionismus etwas übertrieb. Er schreibt: „Du verlierst dich an vielerlei." Das impliziert, dass Martha durchaus mit Jesus Zeit verbringen wollte. Doch dann ließ sie zu, dass die Anforderungen der Gastfreundschaft sie von diesem ursprünglichen Plan abbrachten.

Wer hatte ihr überhaupt gesagt, dass sie so viel Aufwand betreiben sollte, um Jesus zu bewirten? Jesus war es sicherlich nicht gewesen. Woher kam diese Stimme, die ihr einflüsterte: „Du musst das machen!"?

Vielleicht war es ihr kultureller Hintergrund. Vielleicht auch die stereotype Rolle der Frau in der damaligen Gesellschaft. Möglicherweise war die kleine Stimme in ihrem Hinterkopf auch die ihrer strengen Mutter. Oder sie hatte einen Ruf zu wahren. Ihr

Name leitet sich nämlich aus dem aramäischen Wort *mar* ab, das „Hausherrin" oder „Gastgeberin" bedeutet. Vielleicht war sie dafür berühmt, eben „Martha" zu sein.

Sie hielt sich also in der Küche auf. Das musste sie nicht, und Jesus hatte sie auf keinen Fall dorthin geschickt, aber sie war trotzdem dort. Sicher wünschte sie sich ebenfalls, in Jesu Nähe zu sein, aber sie wurde abgelenkt – von Angst oder Stolz oder Neid oder Zorn. Sie hörte auf eine andere Stimme als auf die seine.

Martha war sich sicher, dass Maria kommen und ihr helfen würde, nachdem sie sich ein wenig mit Jesus ausgetauscht hatte. Doch Maria kam nicht. Kein Wunder, dass es nun zu einen Konflikt kam – Martha versuchte, den Staub loszuwerden, und Maria badete regelrecht darin!

Marthas Arbeit macht also einen Prozess durch, den man „Verstärkungsphänomen" nennen könnte. Wir kennen dieses Phänomen wahrscheinlich alle: Sie räumen den Geschirrspüler aus, während Ihr Partner vor dem Fernseher sitzt. Zuerst stört Sie das nicht weiter; wenn er merkt, was Sie tun, wird er Ihnen schon helfen.

Doch er bleibt sitzen. Sie werden etwas ärgerlich und setzen die Teller geräuschvoller ab als nötig. Auch die Schranktüren schließen Sie deutlich vernehmbar, sodass man es im Wohnzimmer hören kann. Doch Ihr Partner macht nur den Fernseher etwas lauter, um den Lärm aus der Küche zu übertönen.

Sie möchten, dass er seine faule Selbstsüchtigkeit bemerkt und sich schuldig fühlt – und von Ihrer lobenswerten Arbeitseinstellung lernt. Doch wenn er eine hohe Reizschwelle besitzt, wird das Ganze nur dazu führen, dass es in Ihrer Küche ziemlich laut wird.

Martha klapperte inzwischen schon ziemlich laut mit dem Geschirr, doch nichts geschah. Maria blieb einfach draußen sitzen. Man kann sich lebhaft vorstellen, welche Gedanken Martha durch den Kopf schossen: *Der Herr ist hier – der Mann, der so viel über das Dienen zu sagen hat. Und wer schuftet hier? Ich habe es so satt, dass immer ich diejenige bin, die die ganze Arbeit erledigen muss! Pharao hat die Sklaven freigelassen – alle außer einer. Hallo! Maria! Bekommst du langsam mal mit, was los ist?*

Das ist aber nicht das Einzige, was Martha Kopfzerbrechen bereitete. Maria tat etwas, das sich für eine Frau nicht gehörte. Kein anderer Rabbi hatte weibliche Schüler. *Was sollen denn die Leute denken? Was ist mit Marias Ruf? Jesu Ruf?* Meinem *Ruf? Wer wird denn noch eine von uns heiraten wollen, wenn sich das herumspricht – und das tut es garantiert! Weiß Maria denn nicht, wo ihr Platz ist?*

Schließlich hielt Martha es einfach nicht mehr aus. Sie war sich ganz sicher, dass sie im Recht war, deshalb sprach sie Maria nicht direkt an. Sie erwähnte noch nicht einmal ihren Namen: „Herr, kümmert es dich nicht, dass mich meine Schwester die ganze Arbeit allein tun lässt? Sag ihr doch, dass sie mir helfen soll!"

Martha kritisierte also nicht nur Maria, sondern sie fand auch das Verhalten von Jesus nicht besonders angemessen und machte etwas Druck: „Wenn du so mitfühlend bist, dann mach doch gewissen Personen hier mal deutlich, dass sie tun sollen, was ich von ihnen will!"

Und Jesus erwidert: „Martha, Martha …"

„Eine Sache ist wichtig"

Wenn Jesus einen Namen zweimal hintereinander nennt, sollte der Angesprochene die Ohren spitzen! Dann will er nämlich dessen Aufmerksamkeit besonders stark auf sich lenken.

„Simon, Simon! Pass gut auf! Gott hat dem Satan erlaubt, euch auf die Probe zu stellen und die Spreu vom Weizen zu scheiden. Aber ich habe für dich gebetet, dass dein Glaube an mich nicht aufhört" (Lukas 22,31–32) oder: „Saulus, Saulus, warum verfolgst du mich?" (Apostelgeschichte 9,4).

Wir machen das manchmal auch und begleiten diesen Aufruf mit einem indignierten Kopfschütteln. Stellen Sie sich bitte vor, dass Jesus Marthas Namen mit einer gewissen Zuneigung ausspricht, dann aber ihre Haltung mit chirurgischer Präzision auseinander nimmt. Was Menschen von seiner Gegenwart fern hält, ist nicht Geschäftigkeit – es ist Ablenkung.

Oder um es mit Jesu Worten zu sagen: „Nur *eins* ist nötig." Dieses Eine ist die Entscheidung, ständig so in Gottes Gegenwart zu bleiben, dass sein Staub uns bedeckt. Manchmal bedeutet „zu den Füßen Jesu sitzen", dass wir mit dem aufhören müssen, was wir gerade tun, und anfangen, etwas anderes zu machen. Vielleicht haben wir uns bis zur Erschöpfung überfordert, und zu den Füßen Jesu zu sitzen bedeutet einfach, darauf zu vertrauen, dass uns nichts entgeht, während wir uns endlich einmal richtig ausschlafen. Vielleicht haben wir ferngesehen, während unser Partner den Abwasch machte, und in diesem Moment ist der Staub des Rabbi in der Küche zu finden. Als Grundregel gilt aber, dass wir nicht automatisch jegliche Aktivität einstellen müssen, um bei Jesus zu sein. Wir müssen ihn nur in all das einladen, mit dem wir gerade beschäftigt sind.

Martha wurde davon abgelenkt, zu den Füßen Jesu zu sitzen. Ich möchte an dieser Stelle noch einmal betonen, dass sie keineswegs etwas Schlechtes tat! Sie brach kein Gebot oder klatschte und tratschte über ihre Nachbarn oder bestellte mit der Kreditkarte ihres Bruders sinnloses Zeug auf einem Shopping-Kanal. Sie tat durchaus konstruktive Arbeit – sie war dabei einfach nur nicht mit Jesus zusammen.

Abgelenkt, besorgt, wütend

Marthas Probleme sind dieselben, die die meisten von uns ebenfalls davon abhalten, sich mitten im Tagesgeschäft vom Staub des Rabbi bedecken zu lassen. Martha war trotz allem eine Nachfolgerin von Jesus. Sie war nicht Herodes, Pilatus oder Judas. Martha hatte Jesus in ihr Haus eingeladen!

Doch sie ließ sich davon ablenken, seine Gegenwart voll zu genießen, und deshalb machte sie sich über alle möglichen Dinge Sorgen und verbreitete Hektik. Sie war nicht hasserfüllt, rebellisch oder lehnte ihn ab; sie war nur etwas gestresst und ärgerlich. Dasselbe Haus, unterschiedliche Räume.

Jesus sagt: „Maria hat die richtige Wahl getroffen."

Hier versteckt sich ein kleines Wortspiel. Die „richtige Wahl" kann auch im Sinne der Wendung „größere Portion" verstanden werden. Jesus meinte im Grunde: „Martha, die simple Wahrheit ist, dass es um das Bankett geht, das *ICH DIR* servieren will. Maria hat die beste Portion von allen gewählt. Und was für ein schlechter Gastgeber wäre ich, wenn ich ihr den Teller während des Essens wegnehmen würde? So etwas würde ich niemals tun, und du willst sicher auch nicht, dass ich es tue. Komm doch auch zu Tisch!"

Die Kunst des Loslassens

Was hält uns nun also davon ab, zu Jesu Füßen zu sitzen? Was hält uns davon ab, in Gottes Gegenwart zu leben? Ironischerweise ist es nicht so, dass wir bewusst beschlossen hätten, ihn auf Abstand zu halten. Die ganze Sache ist viel subtiler und undurchschaubarer.

Ich habe den Verdacht, dass viele von uns wie Martha sind. Wir haben die besten Absichten. Wir haben Jesus in unser Haus eingeladen. Doch am Ende verpassen wir seine Gegenwart – nicht, weil wir ihn abgelehnt hätten, sondern weil wir uns schlichtweg von den Notwendigkeiten des Lebens ablenken lassen. Dasselbe Haus, unterschiedliche Räume. Und der Hauptindikator dafür sind Sorgen.

Manchmal unterliegen wir in unseren Martha-Augenblicken der Täuschung, dass Sorgen irgendwie unsere Fähigkeit verbessern, alles unter Kontrolle zu behalten. Unlogischerweise haben wir das Gefühl, dass etwas garantiert schief geht, wenn wir aufhören, uns darüber Sorgen zu machen. Deshalb machen wir uns Sorgen, so als ob wir dadurch irgendetwas besser im Griff hätten, das sowieso nicht in unserer Hand liegt.

Gehen Sie manchmal kegeln? Dann beobachten Sie doch einmal, was die Leute so alles tun, wenn sie die Kugel losgelassen haben. Sie winken ihr nach, reden ihr gut zu, hüpfen auf einem Bein, klatschen in die Hände – kurzum, sie verhalten sich, als ob sie irgendeine magische Form von Kontrolle über etwas hätten, das ihre Hand bereits verlassen hat.

Sie haben die Kunst des Loslassens noch nicht gelernt.

Wenn ich kegeln gehe, liegen ein paar Dinge in meinem Einflussbereich: Ich kann darauf achten, korrekte Beinarbeit zu leisten, ich kann locker in den Knien federn, ich kann die Kugel kontrolliert und gerade nach hinten schwingen, und dann kann ich genau am richtigen Punkt loslassen. Doch wenn ich das getan habe und die Kugel auf ihrem Weg in Richtung Kegel ist, kann ich ihren Lauf nicht mehr beeinflussen.

Hier also das große Geheimnis, wenn Sie beim Kegeln wirklich viel Spaß haben wollen: Wenn Sie die Kugel loslassen – lassen Sie sie auch wirklich los!

Loslassen hat nichts mit Passivität zu tun. Es ist nicht dasselbe, wie sich einfach resigniert den Umständen anzupassen.

Als meine Töchter noch ziemlich klein waren, habe ich mir mit ihnen den Disney-Film „Schneewittchen" angeschaut. Mitten während des Films erkannte ich, dass das ein denkbar ungeeigneter Streifen für sie war. Es geht darin um eine junge Frau, die …

- … sich vor ihrer Stiefmutter versteckt, weil sie sich Sorgen macht und wütend ist.
- … einen Job bei sieben reichlich wunderlichen kleinen Typen annimmt, bei denen sie niedere Hausarbeiten verrichtet, weil sie glaubt, nie eine erfüllendere Arbeit finden zu können.
- … passiv herumsitzt und unrealistische Lieder von Prinzen singt, während sie darauf wartet, gerettet zu werden.

Dabei wollte ich doch, dass meine Mädchen wussten, dass sie in einer solchen Situation …

- … ein problemorientiertes Gespräch mit der Stiefmutter führen sollten, in dem sie dieser nahe legen, dass sie sich mit ihrem Alterungsprozess abfinden muss und ihre Frustration über ihre nachlassende sexuelle Anziehungskraft nicht an ihnen auslassen soll. Danach sollten sie ihr einen guten Psychotherapeuten empfehlen.
- … den sieben kleinen Typen klarmachen sollten, dass sie die Verantwortung für ihr eigenes Leben selbst übernehmen müssen. Wenn sie es nicht einmal schaffen, die grundlegendsten Anforderungen der persönlichen Hygiene und des Haushalts zu bewältigen, sollten sie sich eine andere Kodependente suchen, die ihre Passivität unterstützt.
- … aufhören sollten, auf einen Prinzen zu warten, der sie einfach so rettet, sondern sich selbst darum bemühen müssen, tief gehende Beziehungen aufzubauen, eine befriedigende Arbeitsstelle zu finden und sich weiterzuentwickeln. (Und wenn es an der Zeit ist, einen Prinzen auszuwählen, sollten sie dies natürlich ihrem Papa überlassen!)

Zu den Füßen Jesu zu sitzen bedeutet nicht, passiv herumzuhängen. Oft beinhaltet Gottes Plan mit uns Aktivität, Entscheidungen, Risiken, Horizonterweiterungen und Handeln. Und dabei sollten wir anerkennen, dass er jetzt und hier gegenwärtig ist und dass wir uns nicht länger vormachen müssen, wir hätten das Universum unter Kontrolle.

Ich mache mir oft Sorgen und werde unruhig. Ich habe drei Teenager, die bereits ihren Führerschein haben. Was da alles passieren kann! Wenn nun einer von ihnen einen Unfall hat?! Ich verfolge in meinem Beruf Projekte, deren Ausgang ich nicht absehen kann. Was ist, wenn es nicht so läuft, wie ich mir dies erhoffe? Ich muss dringend ein unangenehmes Gespräch führen. Was ist, wenn ich es falsch angehe? Wenn mein Gesprächspartner nicht so reagiert, wie ich es mir erhofft habe?

In solchen Zeiten bin ich versucht, die Last dieser Sorgen den ganzen Tag mit mir herumzuschleppen. Und die große Gefahr dabei ist, dass Sorgen mein Leben nicht nur unangenehmer machen, sondern mich von Gottes Gegenwart ablenken. Sie führen dazu, dass ich aufgebracht in der Küche bleibe, statt mich dem Einen zu Füßen zu setzen, der mich liebt.

Wenn ich feststelle, dass ich wieder einmal in die Sorgenfalle geraten bin, rege ich mich nicht mehr länger auf und sage mir auch nicht: „So, jetzt versuche ich mal ernsthaft, mir keine Sorgen mehr zu machen!" Der einzig wahre und hilfreiche Schritt, den ich unternehmen kann, besteht nicht darin, krampfhaft alle Sorgen auszublenden – sondern danach zu streben, dass ich vom Staub meines Rabbi bedeckt bin.

Und dann kann ich auch zulassen, dass meine Sorgen mich daran erinnern, wieder einmal ein BDG mit meinem Schöpfer zu führen – und dass ich Jesu Einladung annehmen und mich zu seinen Füßen niederlassen sollte.

Ein BDG im Flugzeug

Vor einiger Zeit musste ich nach Edmonton in Kanada fliegen, da ich dort auf einer Konferenz einen Vortrag halten sollte. Es gab keinen Direktflug von San Francisco aus, daher musste ich in Calgary zwischenlanden, und mir blieb nur sehr wenig Zeit, um den Anschlussflug zu erwischen.

Wir befanden uns gerade im Landeanflug auf Calgary, und

man konnte schon Bäume, Menschen und Autos erkennen, als das Flugzeug plötzlich wieder nach oben zog. Augenblicke später war die Stimme des Piloten über die Lautsprecher zu hören: „Eine plötzliche Schlechtwetterfront zwingt uns, den Landeanflug abzubrechen und in einer anderen Stadt zu landen!"

Mein erster Gedanke war: *Herr, was wird denn das? Ich habe doch gar keine Zeit, noch anderswo zu landen! Ich verpasse die Konferenz!*

Nach kurzer Zeit machte der Pilot erneut eine Durchsage, in der er uns mitteilte, dass wir in Edmonton landen würden! Und ich dachte: *Hey, toll eingefädelt, Herr! Dann muss ich ja gar keinen Anschlussflug erwischen, sondern bin gleich da, wo ich hinmuss! Danke!*

Wir landeten also in Edmonton. Und wieder machte der Pilot eine Durchsage: „Wir werden hier nur auftanken und dann wieder zurück nach Calgary fliegen. Es ist nicht gestattet, die Maschine zu verlassen. Wir müssen hier warten, bis sich das Wetter aufgeklart hat. Man hat mir mitgeteilt, dass dies etwa drei Stunden dauern wird."

Und wieder dachte ich: *Herr, was wird denn das?* Dies war für mich eine ganz neue Form der Frustration: Ich befand mich auf einem Flughafen mit Blick auf die Stadt, in der ich einen Vortrag halten sollte, und konnte das Flugzeug nicht verlassen!

Ich sprach mit den Flugbegleitern, dem Piloten und sämtlichen Passagieren in meinem Abschnitt. Man sagte mir, dass es gegen die internationalen Luftverkehrsrechte verstoßen würde, wenn ich die Maschine hier verließ. Ich rief sogar in meiner Gemeinde an, um zu fragen, ob sich jemand mit den Luftverkehrsrechten auskannte.

In der Zwischenzeit hatten die Flugbegleiter nur eine Möglichkeit, um die Passagiere bei Laune zu halten – sie öffneten die Bar. Nach ein oder zwei Stunden war ich der Einzige, der immer noch ganz wild darauf war, das Flugzeug zu verlassen. Die Passagiere in meiner Umgebung meinten feucht-fröhlich gestimmt: „Kommen Sie, halten Sie Ihren Vortrag doch einfach für uns. Wir hören gern zu!"

Es gab einfach nichts mehr, was ich tun konnte. Mir fiel eine Stelle aus einem Buch von Dallas Willard ein, das ich vor kurzem gelesen hatte: „Am Anfang jedes Morgens widme ich meinen Tag dem Herrn und übergebe ihn seiner Fürsorge …"[6] Ich hatte Gott bereits diesen Tag anvertraut. Ich musste nicht länger versuchen, mit dem Wetter, dem Flugzeug und den anderen Menschen fertig zu werden. Diese drei Elemente konnte ich ohnehin nicht kontrollieren. Also ließ ich sie los. Es ist nicht geistlich, passiv zu sein, aber ich hatte bereits alles in meiner Macht Stehende versucht.

Nach einer weiteren Wartezeit teilte uns der Pilot mit, dass wir uns nun in einen Aufenthaltsraum des Flughafens begeben könnten, dass jedoch immer noch niemand das Gebäude verlassen dürfe. Wie sich dann aber herausstellte, hatte der Sicherheitschef des Flughafens eine Tochter, die an der Konferenz teilnahm, auf der ich sprechen sollte. Er hörte von meinem Problem, rief irgendjemand Wichtigen bei der Einwanderungsbehörde an, und ich durfte ausnahmsweise doch nach Edmonton „einreisen".

Nach einer kurzen Taxifahrt stand ich tatsächlich auf dem Rednerpult der Konferenz – und niemand war überraschter, mich dort zu sehen, als ich selbst. Doch ich war nicht nur überrascht, ich war vom Staub meines Rabbi bedeckt.

Die Entdeckung der Langsamkeit

Einen Teil unseres Lebens bringen wir wie Maria im Wohnzimmer zu – das sind die Zeiten der Ruhe und Reflexion. Doch ein weitaus größerer Teil geht für die „Küchenarbeit" drauf – also für die Anforderungen des Alltags, unseren Beruf etc. Die „Küche" ist generell der Ort, an dem wir arbeiten und an dem wir uns über viele Dinge Sorgen machen. Doch was wäre, wenn wir beschließen würden, auch dort zu den Füßen Jesu zu sitzen?

Im folgenden Kapitel werden wir darüber nachdenken, wie ein ganz normaler Tag aussehen könnte, wenn wir ihn mit dem Staub des Rabbi bedeckt durchlaufen. Zunächst einmal möchte ich Sie aber dazu einladen, die BDG-Form des Gebets zur ständigen geistlichen Grundlage Ihres Lebens zu machen.

Jesus kommt auch in die Küche – wenn wir ihn darum bitten. Viele Jahrhunderte nach Martha verbrachte ein anderer seiner Nachfolger sein halbes Leben in der Küche. Bruder Lorenz nannte sich selbst „den Herrn der Töpfe und Pfannen", weil er auf der Karriereleiter nie wirklich über den Posten des Tellerwäschers hinausgekommen war. Doch er lernte, wie er jede Handlung zu einer Übung darin machen konnte, zu den Füßen Jesu zu sitzen. Er schrieb: „[…] und ich beschäftige mich nur damit, mich immer in Gottes heiliger Gegenwart zu halten durch ein schlichtes Aufmerken und einen gesammelten und liebevollen Blick auf Gott."[7]

Wenn Sie den Eindruck haben, dass sich Ihre Entwicklung in diesem Bereich nur sehr langsam vollzieht, trösten Sie sich –

Bruder Lorenz schreibt, dass er sich zehn Jahre lang „Gedanken [machte], Gott nicht so nahe zu sein, wie ich es wünschte [...]. Manchmal wurde es so schlimm, dass ich befürchtete, auf dem Weg in die Hölle zu sein – weil ich Gott bewusst beleidigte – und dass es keine Rettung für mich geben könne." Dies war der Punkt, an dem Lorenz aufhörte, überhaupt noch Wachstumsschritte zu erwarten. Als er seine eigene „Langsamkeit" akzeptierte, gelang es ihm endlich, Gottes Gnade von einem Augenblick zum nächsten anzunehmen. Er beriet andere, ebenso geduldig zu sein. Eine dieser Personen war seinen Worten nach voll gutem Willen, „möchte [aber] schneller vorwärts kommen, als es Gottes Gnade zulässt".[8]

Mit der Zeit lernte Lorenz, auch bei der Arbeit zu den Füßen seines Herrn zu sitzen. „Es ist nicht nötig, große Dinge zu tun. Ich drehe meine kleinen Eierkuchen in der Pfanne aus Liebe zu Gott um."[9]

Dort in der Küche war Lorenz mit mehr besprenkelt als nur mit Mehl und Fettspritzern. Er wurde vom Staub seines Rabbi bedeckt.

Kapitel 4

Der größte Augenblick Ihres Lebens

„Um eine ganze Welt in einem Sandkorn zu sehen
und den Himmel in einer wilden Blume ...
Halte die Unendlichkeit in deiner Hand
und die Ewigkeit in einer Stunde."
William Blake[1]

Wenn jemand Sie fragen würde, was der großartigste Augenblick Ihres Lebens gewesen sei, was würden Sie antworten? Was kommt Ihnen als Erstes in den Sinn?

Ich kenne Sie zwar nicht, aber ich bin mir sicher, dass es in Ihrem Leben so einige außergewöhnliche Augenblicke gegeben hat: Ihre Geburt zum Beispiel – Ihre Lebensuhr begann zu ticken und Sie holten zum ersten Mal Luft. Das Abenteuer hatte begonnen!

Dann der Moment, als Sie Ihren ersten Schritt machten. Von diesem Augenblick an waren Sie ein Fußgänger. Die Welt war nicht mehr dieselbe. Und auch die Ihrer Mutter nicht.

Irgendwann sprachen Sie Ihr erstes Wort. Sie konnten sprechen! Möglicherweise haben Sie seither nicht mehr damit aufgehört.

Sie lasen Ihr erstes Buch und Ihnen eröffnete sich eine ganz neue Welt.

Sie fanden Ihren ersten Job, tauschten Ihren ersten Kuss. Ich habe ein christliches College besucht, das in Bezug auf zwischenmenschliche Kontakte sehr strenge Richtlinien hatte. Damals betete ich immer darum, dass Jesus nicht vor meiner Hochzeitsnacht zurückkehren würde, damit ich dieses großartige Erlebnis nicht verpassen würde (es war dann auch tatsächlich wirklich toll!).

Vielleicht haben Sie jetzt den Moment vor Augen, in dem Sie Ihrer großen Liebe begegnet sind, in dem Ihr erstes Kind geboren wurde, in dem Sie begriffen, dass Gott tatsächlich existiert, oder in dem Sie eine besondere Gabe entdeckten.

Ich möchte Ihnen noch einen weiteren wichtigen Augenblick ins Bewusstsein rufen.

Ich glaube, dass der größte Augenblick Ihres Lebens jetzt gerade ist. Diese Sekunde, dieser Herzschlag. Nicht, weil er so besonders glücklich oder schön ist, sondern weil es der einzige Moment ist, der Ihnen gehört. Jede vergangene Sekunde ist unwiderruflich dahin. Sie kommt nie mehr wieder. Wenn Sie immer zurückblicken, entgleitet Ihnen Ihr Leben. Die Zukunft beginnt eben jetzt. Sie können eine Ewigkeit damit zubringen, auf das Morgen zu warten oder sich gar Sorgen darüber zu machen. Aber auch dann werden Sie Ihr Leben verlieren.

Dieser Moment ist Gottes unersetzliches Geschenk an Sie. Und vor allem ist dies der Augenblick, der zählt, denn in ihm ist Gott gegenwärtig. Wenn Sie jemals Gemeinschaft mit Gott haben wollen, dann muss das jetzt sein – in diesem Moment!

Darum schreibt der Psalmist: „Dies ist der Tag, den der Herr gemacht hat“ (Psalm 118,24).

Darum schreibt der Prophet: „Gottes Gnade hört niemals auf; sie ist neu jeden Morgen“ (Klagelieder 3,23).

Darum schreibt der Apostel Paulus: „Lebt nicht wie Unwissende, sondern wie Menschen, die wissen, worauf es ankommt. Nutzt die Zeit; denn wir leben in einer bösen Welt“ (Epheser 5,15–16).

Das Sakrament des Augenblicks

Ich glaube, dass dies der größte Moment Ihres Lebens sein kann, weil er der Ort ist, an dem Sie Gott begegnen können. Tatsächlich ist er sogar der *einzige* Ort, an dem Sie Gott begegnen können.

Aus diesem Grund trägt das meiner Ansicht nach beste Buch, das je zu einem geistlichen Thema geschrieben wurde, in der englischen Übersetzung auch den inspirierenden Titel *The Sacrament of the Present Moment* („Ewigkeit im Augenblick“). Ein Sakrament ist in der Kirchentradition ein Werkzeug der Gnade. Ein gewöhnliches Objekt – beispielsweise das Wasser, das zur Taufe verwendet wird, oder der Abendmahlskelch – wird auf geheimnisvolle Weise zu einem Gefäß des Außergewöhnlichen, des Heiligen.

Der Verfasser dieses Buches, ein Mann namens Jean Pierre de Caussade, ist der Ansicht, dass jeder Augenblick unseres Lebens die Möglichkeit beinhaltet, etwas Sakrales zu sein, also ein Gefäß der Liebe und Macht Gottes werden kann.

„Der jetzige Augenblick birgt unendliche Reichtümer, die unsere kühnsten Träume übersteigen, doch Sie werden sie nur so weit erleben, wie Ihr Glaube und Ihre Liebe reichen. [...] Wenn man Gott in den kleinsten und profansten Dingen entdecken kann, ebenso wie in den größten, hat man einen besonders tiefen und starken Glauben."[2]

Auf dieselbe Art und Weise, wie jeder Atemzug Ihrem Körper Sauerstoff zukommen lässt, kann auch jeder Augenblick – wenn wir gelernt haben, es zuzulassen! – Ihrer Seele Leben schenken. *Dieser Moment* ist so gotterfüllt wie jeder nur mögliche andere, den wir erlebt haben oder je erleben werden. Gott ist genau jetzt genau hier!

Frederick Buechner schreibt:

„Morgen, Mittag, Abend – die Stunden des Tages, jedes Tages, meines Tages und Ihres Tages. Das Alphabet der Gnade. Wenn es einen Gott gibt, der zu uns spricht, dann spricht er zweifellos hier: während des Aufwachens und Arbeitens, beim Weggehen und Wiederkommen, durch Bücher, die man liest, und Menschen, denen man begegnet, und beim Einschlafen."[3]

Die größte Gefahr

Wenn dieser Augenblick der größte Moment Ihres Lebens ist, dann möchte ich in diesem Zusammenhang auf ein Wort hinweisen, das ich für das gefährlichste Wort überhaupt halte. Man findet es in einer Geschichte im 2. Buch Mose.

Das Volk Israel hatte seit Jahrhunderten in der Sklaverei dahinvegetiert. Es sehnte sich nach Freiheit. Vom arbeitsrechtlichen Standpunkt aus gesehen hatten die Israeliten einen äußerst ungünstigen Arbeitsvertrag, der ungefähr wie folgt lautete: „Arbeite oder stirb", beziehungsweise „Arbeite, bis du stirbst". Mose als Gewerkschaftsführer befand sich in einer denkbar schwachen Position, doch dann gab ihm Gott zehn äußerst wirksame Plagen an die Hand. Eine davon waren Frösche – Millionen und Abermillionen von Fröschen. Auf der Treppe, im Schlafzimmer, im Bett des Pharao.

Ken Davis schreibt dazu:

„Pharao kann nicht einmal mehr seinen Pferdewagen aus der Garage fahren, ohne hundert Frösche zu plätten. Auf seiner Pizza sitzen Frösche. Wenn es bei ihm zu Hause auch nur entfernt so zugeht wie bei mir, dann stehen seine Frau und die älteste Tochter auf Stühlen und haben einen Schreikrampf. Die jüngste Tochter hat keine Schachteln mehr, in denen sie die Biester sammelt und versehentlich ersticken lässt. Frösche überall."[4]

Zu allem Überfluss haben die Zauberer des Pharao nichts Besseres zu tun, als ihre magischen Kräfte mit der Produktion von noch mehr Fröschen unter Beweis zu stellen!

Jetzt hat Mose die Aufmerksamkeit des Pharao. Dieser bittet ihn, die Frösche fortzuschaffen, und Mose sagt mit übertriebener Höflichkeit: „Ich bin bereit! Du brauchst mir nur zu sagen, wann ich für dich, deine Minister und dein Volk zum Herrn beten soll" (Exodus 8,5–6).

Und Pharao sagt nur ein einziges Wort: „Morgen."

Das ist das gefährlichste Wort von allen: morgen. *Lasst uns bis morgen warten.* Wenn man diese Geschichte liest, möchte man den Pharao am liebsten anschreien: „Was denkst du dir bloß dabei?"

Mose entgegnet: „Du musst nicht länger mit den Fröschen leben. Ich kann sie verschwinden lassen. Sag einfach, wann du so weit bist." Und Pharao denkt: *Ja, aber dann müsste ich meine Sklaven gehen lassen. Dazu bin ich nicht bereit. Vielleicht verschwinden die Frösche ja von selbst, wenn ich noch ein bisschen warte.*

Der Pharao hat etwas gelernt: Er kann mit den Fröschen leben. Er ist in der Lage, ein froscherfülltes Leben zu tolerieren. Es ist nicht schön, es macht keinen Spaß, aber es geht. Und ist für ihn immer noch besser als die Veränderung, die nötig wäre, wenn er sich Jahwe unterwerfen würde.

„Nein, danke, ich werde lieber noch eine weitere Nacht mit den Fröschen verbringen."

Motivierte Irrationalität

Der Pharao ist nicht der Einzige, der sich mit einer weiteren Nacht unter Fröschen abfindet. Ken Davis berichtet von einer jungen Frau, die ihn um Hilfe bat. Sie wolle Gottes Willen tun, sagte sie, doch es sei so verwirrend. Seit einem halben Jahr war sie mit einem Mann zusammen, der sie betrog, vernachlässigte und emotional und körperlich misshandelte. Ihre Frage an Ken lautete: „Soll ich den Kontakt zu ihm abbrechen?"

Möchten Sie als Beilage vielleicht ein paar Frösche dazu?

Dieses Verhalten beschäftigt die Menschheit seit langer, langer Zeit. Die alten Griechen hatten einen Namen dafür. Da sie sehr vernunftorientiert waren, konnten sie sich nicht erklären, warum ein Mensch sich immer wieder in irrationale Verhaltensmuster verstrickt, die ihm selbst und anderen Schaden zufügen. Daher nannten sie solch ein Verhalten *akrasia*, was bedeutet, dass die Götter den Verstand des Menschen umnebelt haben müssen, dass er so verrückte Dinge tut.

Ein moderner Philosoph namens David Pears gab seinem Buch zu diesem Thema den Titel *Motivated Irrationality* („Motivierte Irrationalität").[5] Menschen tolerieren und behalten hartnäckig Verhaltensweisen bei, die letztlich ihr eigenes Leben zerstören:

- Ein Ehemann ist wütend auf seine Frau, straft sie mit Liebesentzug und pflegt seine Verletztheit, obwohl er weiß, dass dies seinem eigenen Herz Schaden zufügt und er sich schlecht fühlen wird.
- Ein Sexsüchtiger surft immer wieder im Internet, obwohl er nur allzu gut weiß, dass seine Sucht nach Pornobildern seine Ehe und seine Selbstachtung zerstört und ihn die Schuldgefühle erdrücken.
- Ein Mann steckt bis zum Hals in Schulden, die Kreditgeber jagen ihn, und er verliert sein Haus. Dann besucht er ein Seminar zum Umgang mit Geld – und ist so beeindruckt von der Sache, dass er Unterlagen im Wert von 600 Dollar bestellt und mit seiner Kreditkarte bezahlt.

Möchten Sie als Beilage vielleicht ein paar Frösche dazu?

„Morgen“ ist also vielleicht das gefährlichste Wort, das es gibt. Es kann dazu führen, dass wir den Überblick über unsere Finanzen verlieren; es kann ständig Probleme bei der Arbeit verursachen; es kann Beziehungen beeinträchtigen; es kann unsere Selbstachtung zerstören und unsere Lebensfreude untergraben. Doch keines dieser Szenarien kommt an die eigentliche Wurzel des Problems heran.

Und was am schlimmsten ist: Gott ist in diesem Augenblick gegenwärtig und bietet uns an, uns in allem zu begleiten, was wir tun. Die Unfähigkeit, dieses Sakrament des Augenblicks anzunehmen, hält uns davon ab, jetzt und hier mit Gott Gemeinschaft zu haben.

Und das nicht, weil wir bewusst Nein zu Gott gesagt hätten! Wir sagen nur: „Morgen.“ Geistliche Akrasie. Eine weitere Nacht unter Fröschen.

Ein biblischer Autor drückt dies folgendermaßen aus: „Seid heute, wenn ihr seine Stimme hört, nicht so verstockt wie damals eure Vorfahren, die sich gegen mich, Gott, auflehnten an jenem Tag der Prüfung in der Wüste“ (Hebräer 3,7–8).

Die meisten von uns haben bestimmte Bedingungen im Kopf, und wir denken, wenn diese Kriterien erfüllt sind, ist das der Beginn der großartigen Momente. Wir haben immer das Gefühl, das Abenteuer eines Lebens mit Gott liege irgendwo in der Zukunft. Uns selbst reden wir ein, dass wir eines Tages intensiver mit Gott leben werden – wenn die Kinder aus dem Haus sind oder wenn wir nicht mehr so viel Stress im Beruf haben oder wenn wir endlich mehr Disziplin aufbringen oder wenn wir motivierter sind oder wenn wir uns einfach auf wunderbare Weise geistlich weiterentwickelt haben.

Manche Menschen verbringen ihr ganzes Leben mit dieser irrigen Vorstellung.

„Gott ist viel näher, als man denkt“ – das bedeutet, dass er jetzt, in diesem Augenblick, für uns zugänglich ist. Immer im Jetzt und *nur* im Jetzt!

Abraham Heschel schreibt, dass andere Religionen oft heilige *Orte* festlegten, während im Judentum mit dem Sabbat eine heilige

Zeit ausgerufen wurde. Denn Zeit ist der Stoff, aus dem das Leben gemacht ist!

„Denn wo sollte das Göttliche gefunden werden? Es gibt keine Eigenschaft, die ein Ort und das Wesen Gottes gemeinsam hätten. Es gibt nicht genug Freiheit auf dem höchsten Berggipfel, nicht genug Pracht im Schweigen der Tiefsee. Das Göttliche kann nur in der Zeit gefunden werden, die die getarnte Ewigkeit ist."[6]

Der Tag beginnt in der Nacht

Lassen Sie uns nun extrem konkret werden! Was müssen wir ganz praktisch tun, wenn wir einen ganz normalen Tag mit Jesus verbringen wollen? Wie gehen wir vor, um jeden Moment als Sakrament zu erleben, als gotterfülltes Scheibchen Gnade?

Zunächst einmal sollten wir Folgendes bedenken: Wenn wir einen Tag bewusst mit Gott verbringen, bedeutet dies größtenteils nicht, dass wir etwas anderes tun als gewöhnlich. Hauptsächlich geht es darum, das, was wir ohnehin tun, auf eine neue Art und Weise zu tun – *mit Gott!*

Der erste Auftrag des Tages lautet tatsächlich „Schlafen gehen". In unserer westlichen Kultur beginnt der Tag mit dem Sonnenaufgang, mit dem Klingeln des Weckers oder dem ersten Schluck Kaffee. Doch der alte Rhythmus des Tages ist anders. Im Schöpfungsbericht ist die Ordnung immer dieselbe: „Und es wurde Abend, und es wurde Morgen, der erste Tag" (Genesis 1,5). Jeder Tag der Schöpfung beginnt mit dem Abend!

In der jüdischen Tradition fängt der Sabbat ebenfalls nicht bei Sonnenaufgang an, sondern bei Sonnenuntergang des Vortags! Eugene Peterson merkte in einem Gespräch mit mir einmal an, dass die Verfasser der biblischen Bücher uns damit helfen wollen, daran zu denken, dass nicht alles von uns persönlich abhängt: Ich gehe schlafen; Gott geht an die Arbeit. Es ist *sein* Tag. Die Welt dreht sich weiter, Ebbe und Flut wechseln sich ab, Leben beginnen und enden, obwohl ich nicht präsent bin, um all das zu überwachen. Gott ist da, wenn ich schlafe: „Was könnt ihr denn ohne Gott erreichen? In aller Frühe steht ihr auf und arbeitet bis tief in die Nacht; mit viel Mühe bringt ihr zusammen, was ihr zum Leben braucht. Das gibt Gott den Seinen im Schlaf!" (Psalm 127,2).

Wir leben in einer Zeit, in der Experten zufolge die „Schlafschulden" der Bevölkerung (durch Schlafdefizit) höher sind als die Staatsverschuldung. Es sterben jedes Jahr schätzungsweise 24.000 Menschen bei Autounfällen, die sich auf den gefürchteten Sekundenschlaf am Steuer zurückführen lassen.

Schlafentzug führt dazu, dass Menschen sinnlos mit dem Partner streiten, nervös und gereizt auf ihre Mitmenschen reagieren, schlechte Arbeit leisten, weniger liebevoll sind und sich generell schlecht fühlen. Es ist schwer, so zu leben wie Jesus, wenn man ein Schlafdefizit hat. Wenn Sie mir nicht glauben, verbringen Sie doch einfach einmal einen halben Tag mit einem unausgeschlafenen Menschen, dann werden Sie ja sehen ...

Doch wir gewöhnen uns daran. Wir verbringen eine weitere Nacht mit den Fröschen, deren ständiges Quaken uns nicht zur Ruhe kommen lässt. Wir akzeptieren das ständige Gefühl der Erschöpfung, als wäre es normal. Wir klagen ein bisschen darüber, wie wenig Schlaf wir bekommen, oder vielleicht geben wir sogar damit an.

Menschen, die geistliche Einkehrzeiten leiten, geben an, dass der Hauptgrund, warum ihre Teilnehmer keine ausgedehnten Gebetszeiten durchhalten, schlicht und ergreifend Erschöpfung ist. Denken Sie daran, was den Jüngern im Garten Gethsemane passierte, als Jesus sie bat, mit ihm zu wachen und zu beten. Sie schliefen ein (Matthäus 26,36–46). Ein anderes Mal, als sie in einem Boot im Sturm feststeckten und Jesus seinerseits den Schlaf des Gerechten schlief, waren sie ausgesprochen wach vor Sorge und Angst. „Lehrer, kümmert es dich nicht, dass wir untergehen?", belästigten sie ihn (Markus 4,38). Ihr Problem bestand darin, dass sie schliefen, wenn sie wach sein sollten, und wach waren, wenn sie besser geschlafen hätten. Sie litten eindeutig unter einer Schlafstörung!

Dafür zu sorgen, dass man ausreichend schläft, ist tatsächlich eine äußerst geistliche Handlung! Bruder Lorenz schreibt: „Diejenigen, die den Wind des Heiligen Geistes haben, gleiten auch im Schlaf noch dahin."[7]

Sie sind ausgeschlafen, wenn Sie es schaffen, sich irgendwann am Tag bequem hinzusetzen und fünf Minuten am Stück zu beten, ohne wegzudösen. Vermeiden Sie es, kurz vor dem Zubettgehen

Kaffee zu trinken, zu essen oder Sport zu treiben. Hängen Sie nicht bis spät in die Nacht vor dem Fernseher. Versuchen Sie, alle Konflikte in Ihrem Haushalt vor dem Schlafengehen zu klären. Paulus schrieb nicht ohne Grund: „Versündigt euch nicht, wenn ihr in Zorn geratet! Versöhnt euch wieder und lasst die Sonne nicht über eurem Zorn untergehen“ (Epheser 4,26–27).

Die Art und Weise, wie wir normalerweise ins Bett gehen, wird für uns zur Gewohnheit: voller Ärger oder Sorgen oder vertrauensvoll und friedlich. Und wie wir am Abend ins Bett gehen bestimmt zu einem großen Teil die Stimmung, mit der wir den nächsten Tag beginnen.

Nehmen Sie sich ein paar Minuten Zeit, um den Tag mit Gott noch einmal Revue passieren zu lassen. Bekennen Sie jede Sünde, die Ihnen dabei auffällt, und bitten Sie um Vergebung. Wenn Sie Segnungen erlebt haben, halten Sie kurz inne, um sich diese noch einmal bewusst zu machen, und danken Sie Gott dafür. Lassen Sie den Herrn das letzte Wort dieses Tages haben.

Aufwachen

Wie wacht man *mit* Gott auf? Es könnte sein, dass Ihnen das sehr schwer fällt. Es gibt zwei Arten von Menschen: diejenigen, die morgens gut und gern aus dem Bett kommen – und die, die diejenigen hassen, die morgens gut und gern aus dem Bett kommen. Vielleicht gehören Sie zur zweiten Sorte. Vielleicht denken Sie, dass nicht einmal Jesus morgens in Ihrer Nähe sein möchte.

Es gibt Personen, die keine Morgenmenschen sind, sich aber trotzdem dazu zwingen, gleich als Erstes ausgedehnt zu beten und in der Bibel zu lesen. Wenn Ihnen dies etwas bringt, wunderbar! Wenn nicht, prägen Sie sich die Worte eines zeitgenössischen Meisters in der Kunst, die Gegenwart Gottes zu erleben, gut ein: „Wenn Ihre Stille Zeit ermüdend und langweilig ist, könnte es sein, dass Gott davon genauso gelangweilt ist wie Sie selbst!“[8]

Statt sich mit ellenlangen morgendlichen Stillen Zeiten zu kasteien, könnten Sie versuchen, kurz nach dem Aufstehen ein paar Minuten mit Gott zu verbringen. Tun Sie dabei drei Dinge:

1. Gestehen Sie Ihre Abhängigkeit von Gott ein: „Ich werde diesen Tag nicht bewältigen, wenn ich mich auf meine eigene Kraft verlasse.“

2. Erzählen Sie Gott von Ihren Sorgen, und bitten Sie ihn, alle Angst zu verbannen. Ich tue das oft mit meinem aufgeschlagenen Terminplaner vor Augen!
3. Erneuern Sie die Einladung an Gott, diesen Tag mit Ihnen zu verbringen.

Der Psalmist schreibt: „Früh am Morgen hörst du mein Rufen, in der Frühe trage ich dir meine Sache vor und warte auf deine Entscheidung“ (Psalm 5,3).

Lesen Sie noch einmal die fundamentalen Wahrheiten, die ich am Ende des 1. Kapitels aufgelistet habe, und beginnen Sie jeden Tag voller Vertrauen darauf, dass Gott an Ihrer Seite ist. Dietrich Bonhoeffer schrieb:

„Der Anfang des Tages soll für den Christen nicht schon belastet und bedrängt sein durch das Vielerlei des Werktages. Über dem neuen Tag steht der Herr, der ihn gemacht hat. [...] Vor ihm flieht alle Unruhe, alle Unreinheit, alle Sorge und Angst. Darum mögen in der Frühe des Tages die mancherlei Gedanken und die vielen unnützen Worte schweigen, und der erste Gedanke und das erste Wort möge dem gehören, dem unser ganzes Leben gehört.“[9]

Sich bereitmachen

Man kann selbst so unspektakuläre Dinge wie das morgendliche Waschen mit Gott an seiner Seite tun. In früherer Zeit waren Waschungen ein hochsymbolischer, ritueller Teil des Lebens. Die Priester mussten sich komplizierten Reinigungszeremonien unterziehen, bevor sie den Tempel betreten durften. Dies diente als eine Art Erinnerung daran, dass auch unsere Seele der Reinigung bedarf, bevor wir vor Gott treten. Der Akt der Taufe entstand ebenfalls aus diesen Waschungsritualen. Und David bat Gott bezeichnenderweise: „Nimm meine Schuld von mir, dann werde ich rein! Wasche mich, dann werde ich weiß wie Schnee!“ (Psalm 51,9).

Wenn Sie sich also morgen früh das Gesicht waschen oder eine Dusche nehmen, dann machen Sie diesen Moment doch einmal zu einem Gebet: „Gott, so wie dieses Wasser meinen Körper reinigt, so sollen dein Wort und dein Geist mein Herz und meine Gedanken reinigen. Bitte lösche alle Unreinheiten aus, ob es nun falsche Absichten, zerstörerische Wünsche oder Gedanken sind, die mich von deiner Liebe und deiner Freude trennen."

Seien Sie ein paar Augenblicke ganz still, und horchen Sie in sich hinein, ob etwas geschieht. Dieses Stillewerden ist ein sehr wichtiger Punkt auf dem Weg zu Gottes Gegenwart. Denn nur dann erlauben Sie ihm wirklich zu sprechen.

Nehmen Sie sich einen Augenblick Zeit, um sich bewusst zu machen, dass Sie von Gott gereinigt wurden. Ihre Sünden sind für immer abgewaschen.

Dies alles erfordert nun wirklich keinen Akt besonderer Geistlichkeit. Sie müssen sich sowieso waschen – warum also nicht mit Gott?

Essen

Nahrung ist ebenfalls ein Geschenk Gottes. Jesus hat seine Nachfolger angewiesen, für ihr tägliches Brot zu beten. Für die Verfasser der biblischen Bücher war Nahrung ein greifbarer Beweis für die Gegenwart und Fürsorge Gottes. Gott bringt Nahrungsmittel aus der Erde hervor und gibt uns, „was wir heute zum Leben brauchen" (Matthäus 6,11).

Tatsächlich wird uns sogar *befohlen*, unser Essen zu genießen! „Iss dein Brot mit Freuden", schreibt der Prediger in Kapitel 9, Vers 7 seines Buches (und ganz offensichtlich war er nicht auf Diät!).

Machen Sie Ihre Mahlzeiten zu einer Übung in Sachen Dankbarkeit! Halten Sie inne und nehmen Sie bewusst das Essen auf Ihrem Teller wahr. Denken Sie an Gottes Güte und danken Sie ihm.

Durch die ganze Menschheitsgeschichte hindurch waren Mahlzeiten in Gesellschaft anderer Menschen ein wichtiger Akt der Gemeinschaft. Jesus bekam ziemlich viel Gegenwind wegen der Menschen, mit denen er sein Mahl teilte (Lukas 15,1–2). In unserer Zeit geht der Brauch des gemeinschaftlichen Essens leider immer mehr verloren.

Robert Putnam macht in seinem Buch *Bowling Alone* deutlich, dass es in den vergangenen beiden Jahrzehnten in einem Bereich zu einer dramatischen Veränderung kam, in dem die Familienzusammengehörigkeit besonders deutlich wird – dem gemeinsamen Abendessen.[10] Heute nehmen immer weniger Familien ihre Mahlzeiten gemeinsam ein, und wenn, dann geschieht das oft vor dem Fernseher. Es gibt inzwischen sogar College-Mensen, in denen die Studenten nicht mehr eine komplette Mahlzeit an einem Tisch zu sich nehmen, sondern beim Essen „wandern"! Diese jungen Leute sind es einfach von zu Hause nicht mehr gewohnt, in Gemeinschaft zu essen. Wenn Sie also ein Teil einer Familie sind, ist es vielleicht an der Zeit, ein paar neue Prioritäten zu setzen!

Wenn Sie jetzt den Eindruck haben, es sei ein wenig unpassend, die Nahrungsaufnahme zu einem geistlichen Erlebnis zu machen, dann sei Ihnen gesagt, dass bei den alten Hebräern sogar das andere Ende des Verdauungsvorgangs ein Geschenk Gottes war. Es gab tatsächlich ein Gebet, das nach dem Besuch des Lokus gesprochen wurde: „Gesegnet bist du, o Herr, der du die Öffnungen meines Körpers erschaffen hast!"[11]

Jesus sagte außerdem, dass wir nicht vom Brot allein leben, sondern „von jedem Wort, das Gott spricht" (Matthäus 4,4). So wie unsere Körper vom Essen genährt werden, wird unser Geist von Worten und Bildern „gefüttert". Da wir täglich von Worten überflutet werden, die uns in eine falsche Richtung führen können, sollten wir ebenfalls täglich mit einer großen Portion von Gottes Wort gegensteuern.

Ich füttere meine Gedanken und meine Seele oft mit einem einzigen Gedanken aus der Bibel, den ich dann den Tag über gründlich „verdaue", wie zum Beispiel:

- „Nichts in der ganzen Welt kann uns jemals trennen von der Liebe Gottes" (Römer 8,39).
- „Allem bin ich gewachsen durch den, der mich stark macht" (Philipper 4,13).
- „Gott ist Licht, in ihm gibt es keine Spur von Finsternis" (1. Johannes 1,5).

Versuchen Sie doch einmal, Gottes Wort über den Tag verteilt wie ein richtiges Vollkornbrot zu verdauen.

Arbeit

Weil wir so viel Zeit und Energie in unsere Arbeit investieren (ob das nun ein bezahlter Job, die Schule, die Kindererziehung oder die freiwillige Mitarbeit in der Gemeinde ist), ist dies vermutlich der wichtigste Bereich, in dem wir lernen müssen, ihn gemeinsam mit Jesus zu erleben!

Als Freunde von Jesus beginnen wir unseren Arbeitstag sinnvollerweise mit einer Einladung an ihn, bei uns zu sein. Ich fange meinen Tag meist damit an, dass ich die geplanten Aktivitäten durchsehe und, statt mir Sorgen zu machen, Gott bitte, all dies gemeinsam mit mir zu bewältigen.

Es kann hilfreich sein, sicht- und greifbare Erinnerungen an Gottes Gegenwart parat zu haben. Ich besitze einige Steine, auf denen einzelne Worte stehen, die mich an Gottes Fürsorge erinnern. Auf einem steht „Freude“, auf einem anderen „Mut“, und ein dritter trägt einfach nur die Aufschrift „Ja“. Jeder Einzelne erinnert mich an die Haltung, mit der ich meine Arbeit tun will. Sie führen mir außerdem vor Augen, dass ich nicht allein bin. Außerdem liegen auf einem Regal noch eine Dornenkrone und ein großer Nagel, die mich an Gottes aufopfernde Liebe erinnern. Auf meinem Schreibtisch stehen darüber hinaus Fotos von meiner Familie, durch die Gott oft zu mir spricht.

Immer wieder einmal lege ich eine kleine Pause ein, die aus etwas so Simplem bestehen kann wie einem Aufrichten und ein paar tiefen Atemzügen. Während ich ein- und ausatme, erinnere ich mich daran, dass Gottes Geist mich so erfüllt wie der Sauerstoff meine Lungen. Oder ich schaue aus dem Fenster auf irgendetwas, das wächst, oder höre mir ein Musikstück an, das meine Seele anspricht. Kurzum, ich versuche, mir Gottes Gegenwart wieder vor Augen zu führen.

Wenn ich bei der Arbeit Rückmeldung von meinen Mitarbeitern oder anderen Personen bekomme, versuche ich, Gottes Stimme in den Worten meines Gegenübers zu erkennen. Oft spricht er durch die Anmerkungen anderer Menschen zu mir – was gut ist, denn bei der Arbeit bekommen wir üblicherweise viel mehr Feedback zu unserem Lebensstil als bei anderen Gelegenheiten.

Ich neigte beispielsweise dazu, mich am Ende meines Arbeitstags vor allem über das aufzuregen, was ich *nicht* geschafft hatte. Doch inzwischen tue ich das, was Gott während der Schöpfungswoche jeden Abend getan hat: Ich blicke auf das zurück, was ich erreicht habe, und feiere das, was daran gut ist. Ich danke Gott, dass er mit mir zusammengearbeitet hat, und ich bitte ihn, dies auch am nächsten Tag wieder zu tun.

Sie müssen ohnehin zur Arbeit gehen. Warum also nicht mit Jesus?

Unterbrechungen

Täglich gibt es unerwartete Unterbrechungen und Dinge, die unbedingt sofort erledigt werden müssen. Wie gehen wir mit solchen „Störungen" um? Dietrich Bonhoeffer hat hier einen guten Rat:

„Wir müssen bereit werden, uns von Gott unterbrechen zu lassen. Gott wird unsere Wege und Pläne immer wieder, ja täglich durchkreuzen, indem er uns Menschen mit ihren Ansprüchen und Bitten über den Weg schickt. Wir können dann an ihnen vorübergehen, beschäftigt mit den Wichtigkeiten unseres Tages, wie der Priester an dem unter die Räuber Gefallenen vorüberging, vielleicht – in der Bibel lesend. Wir gehen dann an dem sichtbar in unserem Leben aufgerichteten Kreuzeszeichen vorüber, das uns zeigen will, dass nicht unser Weg, sondern Gottes Weg gilt."[12]

Es ist möglich, dass es sich um eine göttliche Verabredung handelt, wenn Ihr Telefon klingelt und jemand Sie um einen Gefallen bittet oder wenn Sie unterwegs an einer Person mit einer Autopanne vorüberkommen.

In einer Schlange anzustehen – was mir immer wie eine unzumutbare Unterbrechung meiner Pläne vorkommt – muss mich nicht länger frustrieren. Es kann (und manchmal tut es das auch) ein Augenblick sein, in dem ich die Menschen vor und hinter mir ansehe und sie still segne. Für manche von ihnen ist das vielleicht der einzige Segen, den sie an diesem Tag bekommen.

Das bedeutet jedoch nicht, dass ich immer sofort alles stehen und liegen lassen muss, wenn mich jemand stört und etwas von mir will. Es bedeutet auch nicht, dass ein Helfersyndrom eine besonders geistliche Lebensform ist. Doch ich frage mich, wie Jesu Dienst wohl ausgesehen hätte, wenn er es nicht zugelassen hätte, dass die Menschen einfach auf ihn zukommen und ihn stören. Viele seiner größten Wunder und unvergesslichsten Aussprüche waren die Folge von geistgeführten Unterbrechungen.

Auf seinem Weg in die Stadt wurde Jesus einmal von einem Blinden namens Bartimäus aufgehalten und er gab diesem das Augenlicht zurück. Ein anderes Mal war er gerade unterwegs zu einer guten Tat, als ihn eine Frau berührte, die an chronischen Blutungen litt. Er spürte, wie Kraft von ihm ausging, und heilte sie. Er wurde von einem Leprakranken unterbrochen und heilte ihn. Jesus war gerade zum Essen im Haus eines Pharisäers, als eine stadtbekannte Hure die Party sprengte, indem sie eine Tränenflut über seine Füße ergoss, und Jesus vergab ihr ihre Sünden. Er wurde ständig gestört, bis hin zu seinem Tod am Kreuz – was wie die ultimative Unterbrechung seines Dienstes aussah, doch tatsächlich die wichtigste Aufgabe war, die sein Vater ihm anvertraut hatte.

Die kleinen Dinge des Lebens

Und dann gibt es da die Augenblicke, die in keine Kategorie passen wollen. Wenn Sie zum Beispiel Überweisungen tätigen, Erledigungen hinter sich bringen oder Ihre Lieben begrüßen, wenn Sie von der Arbeit nach Hause kommen. All das können Augenblicke der Gemeinschaft werden.

Wie würde es zum Beispiel aussehen, wenn Sie Ihre Wegstrecken zusammen mit Jesus zurücklegen würden? Müssten Sie vielleicht ein bisschen langsamer fahren als üblich? Wenn Jesus neben Ihnen im Auto säße, hätte er dann einen besorgten Gesichtsausdruck und würde sich hastig anschnallen? Müssten Sie eventuell anderen Autofahrern gegenüber einen anderen Ton an den Tag legen?

Vielleicht sind Sie Zeitungleser. Manche Menschen fühlen sich schuldig, weil sie sich mehr Zeit dafür nehmen, morgens die

Zeitung durchzuforsten, als in der Bibel zu lesen. Versuchen Sie doch heute einmal, einfach genussvoll die Zeitung zu lesen, statt heroische Mengen von Bibelversen zu schaffen – aber tun Sie es mit Jesus! Sprechen Sie mit ihm über das, was Sie lesen. Wenn Sie merken, dass Sie sich über etwas Gelesenes Sorgen machen, dann teilen Sie sie ihm mit. Beten Sie für die Menschen, über die Sie etwas lesen.

Vielleicht sehen Sie gern fern. Viele Menschen werden von Schuldgefühlen geplagt, weil Sie zu oft vor der Glotze sitzen, und vielleicht reden Sie sich ein, dass Gott nicht existiert, während Sie fernsehen. Das erinnert mich ein bisschen an den Fünfjährigen, der sich die Augen zuhält, wenn er an die verbotene Süßigkeitenschublade geht – in der Annahme, dass man ihn nicht sieht, wenn er nichts sieht. Glotzen Sie doch einfach in die Röhre – aber tun Sie es heute mit Jesus. Wenn Ihnen gefällt, was Sie sehen, sagen Sie es ihm. Und wenn Sie ihn fragen, ob Sie zu viel Zeit vor dem Fernseher verbringen oder sich die falschen Sendungen anschauen, dann können Sie sicher sein, dass er mit Ihnen darüber reden wird!

Suchen Sie sich einen ganz gewöhnlichen Tag aus, um Ihr „Mit-Gott-sein"-Experiment zu beginnen. Versuchen Sie nicht, alle möglichen neuen supergeistlichen Dinge zu tun. Machen Sie einfach das, was Sie normalerweise auch tun würden – nur tun Sie es mit Gott. Denn wenn Sie einen ganz normalen Tag mit Jesus verbringen können, dann können Sie auch jeden anderen Tag mit ihm verbringen. Immer einen nach dem anderen!

In unserer Gesellschaft heißt es oft, dass man den richtigen Augenblick erwischen und den Tag nutzen soll. Obwohl diese Wendungen einer tiefen Sehnsucht Ausdruck verleihen, sind sie doch nicht in der Lage, wirklich etwas zu bewegen. Ich denke, das liegt daran, dass wir nicht dazu geschaffen sind, Augenblicke zu erwischen, sondern Gott. Augenblicke sind nicht immer gut; Gott ist nie etwas anderes als gut. Augenblicke sind schlichtweg nur die Orte, an denen wir Gott begegnen. Und das in jedem Augenblick – von jetzt an.

Oder möchten Sie lieber eine weitere Nacht unter Fröschen verbringen?

Kapitel 5

A Beautiful Mind

„Ein Mystiker ist jeder, der daran glaubt, dass Gott antwortet, wenn man mit ihm spricht."
Frank Laubach[1]

Er gilt als einer der brillantesten Köpfe des 20. Jahrhunderts. Das Wörtchen „Genie" drängt sich auf und in seinem Fall wäre es sogar eine Untertreibung. Seine Thesen zur Dynamik menschlicher Konflikte revolutionierten sämtliche wirtschaftlichen Theorien und brachten ihm schließlich sogar einen Nobelpreis ein. Dies alles erarbeitete er in einem Alter, in dem viele andere Menschen gerade darüber nachdenken, ob sie bei Mama und Papa ausziehen sollen. Bereits mit Ende 20 war er Universitätsprofessor.

Doch auf der Höhe seiner Karriere erlitt John Nash einen Zusammenbruch. Er unterbrach eine Vorlesung mit der Ankündigung, dass er auf dem Titelblatt des *Life*-Magazins als Papst verkleidet abgebildet sei. Er behauptete außerdem, die Regierungen verschiedener Staaten würden mit ihm durch die Medien kommunizieren, und er lehnte einen prestigeträchtigen Posten an der Universität von Chicago ab, weil er, so seine eigenen Worte, zum Kaiser von Antarktika gekrönt werden sollte.

In dem Film „A Beautiful Mind" (der auf der wahren Lebensgeschichte von John Nash basiert)[2] sehen wir Menschen und hören Stimmen, die, wie sich im Verlauf der Handlung herausstellen wird, nur in der Vorstellung von John Nash existiert haben und mit der Realität nichts zu tun hatten. Er fühlte sich durch diese Menschen wichtig – als ob er der Mittelpunkt des Universums sei. Sie spielten mit seinen größten Ängsten. Wenn er auf sie hörte, zerstörten sie seine Beziehungen, verzerrten seine Wahrnehmung und ließen ihn immer besessener, irrationaler und ängstlicher werden. Sie führten gewissermaßen zum Tod.

Paranoide Zwangsvorstellungen sind eine der am schwierigsten zu therapierenden Formen der Psychopathologie. Als ich meine Doktorarbeit in klinischer Psychologie schrieb, arbeitete ich eine

Weile mit einem Patienten, der an einer ausgewachsenen Paranoia litt. Er war fest davon überzeugt, dass das FBI sein Haus verwanzt hatte, dass seine Nachbarn ihn ausspionierten und dass seltsame Stimmen über seinen Fernseher mit ihm kommunizierten. Das Schwierigste an der Behandlung war die Tatsache, dass diese Dinge für ihn absolut real waren. Ihm klarzumachen, dass sie gar nicht wirklich existierten, war so, als würde man Ihnen oder mir erzählen wollen, dass es Ihren Chef oder Ihren besten Freund gar nicht gibt. Ganz langsam ging es ihm aber etwas besser – dank einem Medikament, das es noch nicht gab, als die Krankheit von John Nash ausbrach.

Und genau das macht die Geschichte von John Nash so bemerkenswert: Er war nämlich im Laufe der Zeit tatsächlich in der Lage, die Kunst der Unterscheidung zu erlernen. Es gelang ihm, die Stimmen auf die Probe zu stellen und herauszubekommen, welche real waren und welche nicht. Diejenigen, die sein Leben zerstören würden, beachtete er nicht mehr und dachte auch nicht über das nach, was sie ihm einflüstern wollten. Nach und nach verließen sie ihn zwar nicht völlig, aber ihr Griff um seinen Verstand lockerte sich immer mehr. Auf eine gewisse Weise erlebte John Nash eine Revolution seines Geistes.

Nash erzählt an einer Stelle des Films, dass sein Kampf eigentlich auch nicht anders war als der, den wir alle kämpfen: „Ich bin nicht so viel anders als du", sagt er sinngemäß zu seinem Freund. „Wir hören alle Stimmen und müssen entscheiden, welchen wir unsere Aufmerksamkeit schenken."

„Wir hören alle Stimmen"

Zwei Menschen leiden an Krebs. Einer ist verbittert und verzweifelt, während der andere ein wahrer Pfeiler der Hoffnung und Zuversicht ist. Die Krankheit ist dieselbe; der Unterschied liegt in ihren Köpfen, das heißt in den Stimmen, auf die sie hören.

Zwei Menschen müssen mit geringen finanziellen Mitteln auskommen. Einer von ihnen wird von Neid und Unzufriedenheit zerfressen, der andere strahlt Dankbarkeit und Dienstbereitschaft aus. Ihre Situation ist die gleiche; der Unterschied liegt in ihren Köpfen.

Zwei Menschen kommen auf der Karriereleiter weit nach oben. Einer gebraucht seine Macht dazu, sich selbst in den Vordergrund zu stellen und Kontrolle auszuüben; der andere bereichert mit seinem Einfluss das Leben vieler Menschen in seiner Umgebung. Die Titel sind dieselben; der Unterschied liegt in ihren Köpfen.

Zwei Menschen leben in einem Universum, in dem Gott ständig gegenwärtig ist. Einer von ihnen beschließt, dass in seinem Leben kein Platz für Gott ist. Der andere sagt: „Ich erkenne an, dass es dich gibt, und mein Leben soll deinem Plan dienen!" Gottes Angebot ist dasselbe; der Unterschied liegt in ihren Köpfen.

Unser Gehirn ist ein Instrument mit erstaunlichem Potenzial. Doch dieses Potenzial wird nicht in Form des IQ oder von akademischen Graden gemessen. Denn es liegt in unseren Köpfen, ob wir im Bewusstsein von Gottes Gegenwart und in ständiger Beziehung zu ihm leben oder nicht.

„Wir hören alle Stimmen" – also, ich zumindest kann das nur bestätigen. Manche der Stimmen, die an meine Ohren dringen, sind verzerrt und destruktiv; sie flüstern mir Gedanken des Neids und der Ablehnung und der Angst zu. Manche sind aber auch gesund und stark; sie sprechen von Liebe und Wahrheit. Die, auf die ich höre, formen mein Leben.

Doch es gibt eine Stimme, auf die zu hören ich berufen bin. Jesus sagte, dass er der gute Hirte ist und dass seine Schafe ihm folgen, weil sie seine Stimme kennen (Johannes 10,4–5). Sie würden niemals einem Fremden folgen; tatsächlich rennen sie weg, wenn sie die Stimme eines Unbekannten hören, der nicht ihr Hirte ist.

Durch die ganze Menschheitsgeschichte hindurch haben diejenigen, die gelernt haben, Gottes Gegenwart zu erkennen, fest behauptet, seine Stimme hören zu können. Sie haben sozusagen gelernt, ihre Ohren auf die Frequenz Gottes einzustellen. „Gottes gebietendes Wort ist euch ganz nahe. Es ist auf euren Lippen und in eurem Herzen. Ihr müsst es nur befolgen!" (Deuteronomium 30,14).

Die Sozialreformerin Dorothy Day, die sich im 20. Jahrhundert besonders auf die Armenhilfe konzentrierte, sprach von etwas, das sie ihre „Ahnungen" nannte – Ideen, die ihr in den Sinn kamen und den unverwechselbaren Stempel Gottes trugen. George Fox und die Quäker nannten diese Wahrnehmungen „Anliegen". Andere sprechen von „Fingerzeigen", „Führungen" oder „Winken". Thomas Kelly schrieb von „göttlichen Atemzügen".[3]

Und jetzt sind wir dran. In diesem Kapitel wollen wir einen Blick darauf werfen, wie wir unser Denken auf eine Weise kultivieren können, dass wir für Gottes Gegenwart und seine Stimme

„empfangsbereit" werden. Wenn wir uns danach sehnen, Gott näher zu kommen, müssen wir dazu unseren Verstand revolutionieren. Wie mache ich meinen Kopf zu einem Ort, an dem Gott wohnt?

Glauben Sie daran, dass Gott wirklich zu Ihnen sprechen will

Wenn wir eine Beziehung zu einer anderen Person haben, muss es beidseitige Kommunikation geben. Selbst der redefaulste Ehemann muss hin und wieder ein Grunzgeräusch von sich geben, oder er ist nicht wirklich verheiratet. Und der Gott der Bibel ist wahrlich nicht aufs Grunzen beschränkt!

Mit Gott zu sein ist ein Zustand, der vor allem in unserem Kopf, in unseren Gedanken, stattfindet. Selbst auf der rein menschlichen Ebene ist man nicht nur physisch mit jemandem zusammen. Zwei Menschen befinden sich im selben Raum, doch wenn einer von beiden schläft oder im Koma liegt – oder ein Fußballspiel im Fernsehen anschaut –, dann sind sie nicht wirklich beieinander. (Wenn Sie schon einmal eine Beziehung mit jemandem hatten, der der Fernbedienung verfallen ist, dann kennen Sie den Unterschied zwischen „im selben Raum mit jemandem sein" und „mit jemandem zusammen sein" …)

Mit einem anderen Menschen zusammen zu sein erfordert etwas, das man als „interaktive Aufmerksamkeit" bezeichnen könnte. Mir ist bewusst, dass der andere bei mir ist, und das, was er sagt und tut, beeinflusst den Gedanken- und Gefühlsstrom in mir. Wir interagieren.

Weil wir Menschen begrenzte Wesen sind, benutzen wir auch unsere Körper, wenn wir beieinander sind. Weil uns Grenzen gesetzt sind, haben wir keinen direkten Zugang zu den Gedanken des anderen. Wir geben hörbare Dinge von uns, berühren uns, gestikulieren und beeinflussen und leiten so gegenseitig unsere Gedanken und Gefühle.

Doch Gott ist unbegrenzt und so kann er direkt zu unseren Gedanken sprechen. Normalerweise tut er das durch sein Wort, die Bibel, oder auch durch die Worte anderer Menschen.

Aber er hat sozusagen auch eine direkte Standleitung; er kann einen Gedanken einfach so mitten in unsere Überlegungen hinein platzieren – jederzeit und überall. Im Grunde ist diese Art der Kommunikation genauso wie ein Gespräch unter Freunden, nur dass Gott keine vermittelnden optischen oder akustischen Hilfen braucht. Mit anderen Worten: Es ist möglich, dass jeder Gedanke, der uns durch unseren Kopf schießt, von Gott dorthin geschickt worden ist – und wir haben es nicht gemerkt!

Wenn wir also Gott begegnen wollen, wird dieses Treffen in unserem Kopf stattfinden. Wir haben ständig neue Gedanken und Ideen und manche davon kommen von Gott.

Erkennen Sie an, dass Sie Gottes Reden nicht beeinflussen können

Es gibt vieles, das mir an Gottes Reden ein Rätsel ist. Aber eines weiß ich ganz sicher: Es gibt keine festgelegten Formeln. Ich kann nicht beeinflussen, ob, wann und was Gott zu mir spricht. Ich kann ihn nicht durch besondere Geistlichkeit, Gehorsam oder harte Arbeit dazu bringen, etwas zu sagen. Der Wind weht, wo er will, hat Jesus einmal treffend gesagt (Johannes 3,8).

Eines Morgens saß ich in meiner früheren Gemeinde an meinem Schreibtisch und schwitzte Blut und Wasser über einer Predigt, die sich einfach weigerte, zur Welt zu kommen (oder auch nur empfangen zu werden!). Im Vergleich mit der Qual eines solchen Problems ist eine menschliche Geburt der reinste Spaziergang – das wird Ihnen jeder männliche Prediger jederzeit bestätigen. (Bei weiblichen bin ich mir da nicht so sicher.)

Bill Hybels, unser leitender Pastor, schlenderte irgendwann herein und berichtete mir fröhlich, dass er seine Predigt für das kommende Wochenende bereits fertig hätte. Ich hingegen hatte gar nichts. Etwas später tauchte Bill wieder strahlend auf, um mir mitzuteilen, dass er eine tolle Eingebung für die Predigt der nächsten Woche gehabt hatte und diese ebenfalls schon fertig gestellt hätte. Er strahlte und ich freute mich unbändig für ihn.

Noch vor Ende dieses Tages schneite Bill ein weiteres Mal bei mir herein und erzählte mir, dass er in ein paar Wochen eine Vortragsreihe in Europa halten sollte und dank einer wunderbaren Eingebung auch diese Ansprachen schon komplett niedergeschrieben hatte.

So langsam begriff ich, was hier vor sich ging: Gott gab Bill *meine* Predigten!

Ich kann Gott nicht dazu zwingen, mir die Leitung oder Hilfe zu geben, die ich meiner Meinung nach unbedingt brauche. Es mag einen guten Grund geben, warum er schweigt. Auch kluge Eltern und weise Freunde wissen, dass Schweigen manchmal das Beste ist; warum sollte Gott das anders sehen?

Ich habe zum Beispiel im Hinblick auf meine beruflichen Entscheidungen nie eine klare Führung Gottes bekommen. Nach meinem Schulabschluss, bei meiner ersten Anstellung als Pastor, bei meinen Überlegungen bezüglich einer möglichen Heirat und auch vor nicht allzu langer Zeit, als ich darüber nachdachte, *Willow Creek* zu verlassen und nach *Menlo Park* zu gehen – bei all diesen Gelegenheiten habe ich Gott gesagt, dass er mir doch irgendwie mitteilen solle, welche Richtung ich einschlagen solle, und ich würde mit Freuden gehorchen. Dennoch erhielt ich nie eine Antwort.

Ich war lange Zeit sehr enttäuscht darüber, doch ich bin zu der Vermutung gelangt, dass es gute Gründe dafür gab. Gott kennt mich gut genug, um zu wissen, dass ich mit diesen Entscheidungen ringen musste – dass ich sie durchdenken und mit ihnen kämpfen und meine Motive hinterfragen und die Zukunft abwägen und unzählige Gespräche mit klugen Freunden führen und schließlich die Verantwortung für meine Entscheidung übernehmen musste … und dass ich mich dadurch auf eine Art und Weise weiterentwickeln würde, die mir nie möglich gewesen wäre, wenn er mir einfach nur ein Telegramm mit einer Richtungsangabe geschickt hätte.

Gott geht es eben nicht in erster Linie um meine äußere Situation, sondern um meine persönliche Entwicklung. Wenn er schweigt, bedeutet dies keineswegs, dass er abwesend ist! Er ist durchaus in der Lage, sich Gehör zu verschaffen, wenn er dies möchte.

Wir können also Gottes Reden nicht erzwingen, und es ist auch nicht klug, das zu versuchen. Doch es gibt durchaus Dinge, die wir tun können, um unsere Gedanken immer weiter für Gottes Gegenwart zu öffnen. *Jeder Gedanke birgt das Versprechen in sich, mich näher zu Gott zu bringen.*

Auf dem Fresco in der Sixtinischen Kapelle sind Gott und der Mensch, den er erschaffen hat, nur eine Haaresbreite voneinander entfernt. Wie weit ist das wohl tatsächlich? Viel weniger, als man denkt. Gott ist nie weiter als einen einzigen Gedanken entfernt. Selbst wenn ich tagelang nicht an ihn gedacht habe. Selbst wenn ich mich hoffnungslos in Selbstsucht und Sünde verstrickt habe.

Im Folgenden ein Beispiel, wie viel Einfluss unsere Gedanken auf unsere Nähe zu Gott haben. Erkenntnispsychologen haben herausgefunden, dass jeder Gedanke eine bestimmte emotionale „Polung" besitzt, die uns entweder zu einem Gefühl wie Wut oder Freude hintreibt oder uns davon abstößt. In einem Experiment sollten einige Testpersonen je fünfmal den Satz beenden: „Ich bin froh, dass ich kein ..." Alle Testpersonen fühlten sich danach besser als vor Beginn des Experiments. Im Gegensatz dazu sagten Testpersonen, die fünfmal den Satz „Ich wünschte, ich wäre ..." beendet hatten, dass sie sich deutlich schlechter fühlten als zuvor.[4]

Ich bin davon überzeugt, dass auch jeder unserer Gedanken eine geistliche Polung aufweist. Paulus schreibt in seinem Brief an die Gemeinde in Rom, dass man die Gegenwart des Heiligen Geistes in einem Menschen daran erkenne, dass dieser sich immer in die Richtung des Lebens bewege: „Was der Geist Gottes will, führt zum Leben, zu Heil und Frieden." Im Gegensatz dazu neige ein Mensch, der sich gedanklich der Gegenwart Gottes verschließe, zum Destruktiven: „Was unsere selbstsüchtige Natur will, führt zum Tod" (Römer 8,6).

Vielleicht hilft Ihnen die folgende Illustration, sich dies besser vorzustellen: Es gibt einen endlosen Strom von Gedanken, die mit Lichtgeschwindigkeit durch unseren Kopf schießen. Stellen Sie sich jeden Gedanken als eine Perle auf einer Schnur vor.

Sie lesen dieses Buch und denken über eine darin gemachte Aussage nach, dann wollen Sie umblättern und stellen dabei fest, dass Sie wieder einmal an den Nägeln gekaut haben, was Sie daran erinnert, dass Sie sich vor dem anstehenden Gespräch mit Ihrem Chef fürchten. Das führt wiederum dazu, dass Sie daran denken müssen, was Sie ihm *wirklich* gern mal ins Gesicht sagen würden – und an diesem Punkt kehren Ihre Gedanken wieder zu diesem Buch zurück.

So funktioniert das mit Ihren Gedanken. Sie denken ständig ganze Gedankenketten. Manchmal folgen sie einander eher langsam und sehen ungefähr so aus:

Manchmal vergeht ein ganzer Tag, und es scheint, als habe Ihre gesamte Hirntätigkeit an diesem Tag folgendermaßen ausgesehen:

In Wahrheit stehen Ihre Gedanken niemals still. Ständig jagen sich Gedanken, Beobachtungen, Annahmen und Ideen in so schneller Folge, dass Sie sich an die meisten davon nicht einmal erinnern können. Doch tatsächlich birgt jeder Gedanke eine gewisse geistliche Macht in sich, ein Ziehen hin zu Gott oder weg von ihm. Kein einziger Gedanke ist neutral.

Ein Gedanke ist entweder hilfreich und bestärkt Sie darin, mit der Realität klarzukommen und ein Leben in Gottes Sinne zu führen – oder er beraubt Sie eines Teils dieses Lebens.

Jeder Gedanke ist zumindest zum Teil von Gott eingegeben oder vermeidet ihn; er führt zum Leben oder zum Tod.

Mit der Zeit können wir lernen, Gottes Stimme wahrzunehmen, wenn wir genau hinhören. Natürlich gibt es keine todsichere Methode. Doch Gedanken, die von Gott kommen, liegen normalerweise im Einklang mit der Frucht des Geistes: Sie führen uns zu mehr Liebe und Freude, Geduld und Frieden.

Und wir werden ganz deutlich merken, welche Gedanken nicht von Gott kommen. Zum Beispiel heißt es in keinem Vers der Bibel: „Und dann machte Gott sich Sorgen." Ich kann mir also ziemlich sicher sein, dass Gedanken, die mich lähmen und in Angst versetzen, auf keinen Fall von Gott kommen.

Ja sagen, wenn er spricht

Wie sieht das nun konkret aus, wenn Gott unsere Gedanken leitet? Auf einem Flug saß ich direkt am Gang (mein Lieblingsplatz) neben einem makellos gekleideten, distinguiert wirkenden silberhaarigen Herrn in den Achtzigern. Gleich nach dem Start lehnte er sich zu mir hinüber und flüsterte mir so leise wie möglich zu: „Ich hoffe, ich werde Sie nicht allzu sehr stören. Ich habe ein Problem mit der Blase und muss häufig Wasser lassen."

Mir dämmerte, wie peinlich es für diesen älteren Herrn sein musste, einem völlig Fremden in einem Flugzeug eine solche Information anzuvertrauen. Er erklärte mir, dass seine Frau auch im Flieger saß, aber leider nur einen Sitz in der Mitte der Reihe vor uns bekommen hatte.

Ein Gedanke drängte sich mir auf: *Biete ihm an, den Platz mit seiner Frau zu tauschen.* Kam diese Idee von Gott? Natürlich kann ich es nicht beweisen, aber es klang genau nach etwas, das er sagen würde. Ich machte ihm also das Angebot und seine Frau nahm es dankbar an. Ich weiß, dass das keine große Sache war. Ein Mensch, der den Weg der Dienstbereitschaft schon weiter gegangen ist als ich, hätte gar keinen Hinweis gebraucht, sondern es einfach so getan. Doch Gott ist so gnädig, dass er uns dort abholt, wo wir auf unserem Weg mit ihm stehen, und auf die Art und Weise mit uns kommuniziert, die uns am besten erreicht.

Johannes Calvin hatte eine wunderschöne Metapher dafür: „Wer ist so gering im Denken, dass er nicht verstünde, dass Gott sozusagen mit uns plappert wie Ammen mit kleinen Kindern? Dabei muss er sich natürlich weit hinabneigen von seiner eigentlichen Höhe."[5]

Gott neigt sich zu uns. Gott plappert, um zu uns zu reden.

Unsere Aufgabe dabei ist es, vollständig und bedingungslos Ja zu sagen, wenn wir den Eindruck haben, dass Gott zu uns spricht.

Jedes Mal, wenn wir das tun, werden wir ein klein wenig sensibler dafür, wenn er das nächste Mal zu uns spricht. Unsere Gedanken werden ein bisschen aufnahmebereiter, unser Empfänger stellt sich ein bisschen mehr auf Gottes Sender ein. Wenn wir hingegen sagen: „Nein, ich will meinen Gangplatz behalten!", führt das nur dazu, dass es uns in der Zukunft ein bisschen schwerer fallen wird, Gottes Stimme zu hören.

Der Gott-lose Kopf

Wenn wir unsere Gedanken nicht auf Gott ausrichten, neigen diese dazu, sich von ihm wegzubewegen – hin zum Tod, das heißt, der endgültigen Trennung von Gott. Der Psychologe Mihalyi Csikszentmihalyi hat eine mehrjährige Studie durchgeführt, bei der die Teilnehmer in unterschiedlichen Intervallen mit Pagern angepiept wurden. Sie sollten dann aufschreiben, was sie gerade taten, dachten und fühlten. Eines der interessantesten Ergebnisse gab Aufschluss über die Auswirkungen der Einsamkeit.

Wenn Menschen allein sind und nicht von Lärm oder Aktivitäten abgelenkt werden, driften ihre Gedanken ganz automatisch in eine Richtung, in der sie Unzufriedenheiten stärker wahrnehmen, sich unzureichend fühlen, Zukunftsängste bekommen und sich chronisch viel zu viel um sich selbst drehen. Csikszentmihalyi kam zu dem Schluss:

„Ganz im Gegensatz zu dem, was wir automatisch annehmen, ist der normale Zustand unserer Gedanken das Chaos. […] Wenn wir allein sind und keine unmittelbare Aufgabe haben, tritt die grundsätzliche Unordnung in unserem Kopf zutage. Wenn nichts zu tun ist, beginnen unsere Gedanken völlig irrationalen Mustern zu folgen und halten ab und zu inne, um etwas Schmerzhaftem oder Störendem nachzuspüren. […] Zerstreutheit ist der Normalzustand unseres Bewusstseins. Um diesen Zustand zu vermeiden, sind die Menschen meist eifrig damit beschäftigt, ihre Köpfe mit so vielen Informationen zu füllen, wie verfügbar sind – solange es sie nur davon ablenkt, Innenschau zu betreiben und negative Gefühle zu empfinden."[6]

Das erklärt, warum Menschen so viel Zeit vor dem Fernseher verbringen, obwohl die wenigsten sagen würden, dass sie dies wirklich genießen.

Aus diesem Grund fliehen wir Menschen also immer vor der Einsamkeit!

Wenn Eltern ein Kind bestrafen wollen, entscheiden sie sich oftmals für Stubenarrest.

Die gefürchtetste Vollzugsmaßnahme in Gefängnissen ist Einzelhaft.

Warum? Weil Menschen es hassen, mit ihren Gedanken allein zu sein.

Fernsehen wirkt so anziehend, weil es uns ablenkt, aber auf lange Sicht betrachtet macht es uns eigentlich nur schwächer und abhängiger von äußeren Reizen, die uns unterhalten.

Genau darum geht es Paulus, als er die Gemeinde in Ephesus davor warnt, so zu leben wie Menschen, die von Gott nichts wissen und „deshalb von ihrem verkehrten Denken in die Irre geführt werden" (Epheser 4,17). Sie sind in todbringenden Gedanken gefangen. Wie ein solches Leben schließlich aussieht, beschreibt Paulus in seinem Brief an die Gemeinde in Rom: Gott „lieferte sie ihren Begierden aus und gab sie der Ausschweifung preis" (Römer 1,28).

Das ist eine der biblischen Aussagen, die mir kalte Schauer den Rücken hinunterjagen. Jemand, der seinen Begierden überlassen ist, erlebt unendliche Unzufriedenheit, lebt in ständiger Angst und nervtötender Selbstsucht. Ein solcher Mensch braucht gar keine negativen Einflüsse von außen mehr, um unglücklich zu sein. Er befindet sich bereits am Boden menschlicher Traurigkeit und Gott lässt es geschehen.

Doch Gott möchte gar nicht, dass unser Kopf mit Gedanken der Verzweiflung und unerfüllten Sehnsüchten voll gestopft ist. Er möchte, dass wir ganz von lebensspendenden Gedanken durchdrungen sind.

Nur Gott kann unsere Gedanken verändern

Paulus riet den Christen in Rom, sich „nicht den Maßstäben dieser Welt an[zupassen]. Lasst euch vielmehr von Gott umwandeln, damit euer ganzes Denken erneuert wird. Dann könnt ihr euch ein sicheres Urteil bilden, welches Verhalten dem Willen

Gottes entspricht, und wisst in jedem einzelnen Fall, was gut und gottgefällig und vollkommen ist" (Römer 12,2). Er sagte wohlgemerkt *nicht*, dass wir uns selbst verändern sollen, indem wir unser Denken erneuern. Nur Gott kann eine solche Veränderung bewirken.

Das erklärt, warum Paulus an Timotheus schrieb: „Denn Gott hat uns nicht einen Geist der Feigheit gegeben, sondern den Geist der Kraft und der Liebe und der Besonnenheit" (2. Timotheus 1,7). Wenn Gott in einem Menschen gegenwärtig ist, beginnen neue, veränderte, positive Gedanken zu fließen.

Dennoch müssen wir ebenfalls unseren Beitrag dazu leisten. Wir können Gott bewusst und durch unser Handeln dazu einladen, in unseren Gedanken präsent zu sein. Oder wir können die Tür vor ihm verschließen. Es hängt ganz davon ab, welche Art von Denken wir kultivieren wollen. Lassen Sie uns die drei möglichen Alternativen einmal unter die Lupe nehmen.

1. Vielleicht dreht sich Ihr Leben um Betrug und Selbstbetrug. Es ist nicht sonderlich schwer, solche Gedanken zu kultivieren. Das schaffen Sie! Passen Sie einfach auf, was Sie in Ihren Kopf hineinlassen und was nicht. Ihre Gedanken werden etwa um folgende Themen kreisen:

- „Er ist erfolgreicher als ich, und das gefällt mir nicht. Hoffentlich fällt er bald so richtig auf die Nase!"
- „Ah, da vorne joggt eine Frau. Ich bin gespannt, ob sie attraktiv genug aussieht, um mir einen kleinen sexuellen Kick zu verschaffen, wenn ich sie anschaue."
- „Dieser Kerl fährt ein teureres Auto als ich. Er muss wohl ziemlich geldgeil sein."
- „Dieser Kerl fährt ein schäbigeres Auto als ich. Er muss wohl ein echter Loser sein."
- „Was ist, wenn ich in der heutigen Prüfung versage? Dann werde ich meines Lebens nicht mehr froh!"
- „Ich komme zu spät zum Meeting. Fakt ist, dass ich mir zu viel Zeit gelassen habe, aber ich werde es einfach auf den Verkehr schieben. Ich verdrehe die Wahrheit nur ein bisschen, damit die Leute keinen schlechten Eindruck von mir bekommen."
- „Sie ist so klug und gut aussehend – ich fühle mich von ihr bedroht. Ich werde von ihr nur das Schlechte annehmen."

Die Gemütsverfassungen, die Ihr Leben in diesem Fall dominieren werden, sind Angst, unbefriedigte Wünsche und Rachsucht. In den Psalmen heißt es treffend: „Der Gottlose meint in seinem Stolz, Gott frage nicht danach. ‚Es ist kein Gott', sind alle seine Gedanken" (Psalm 10,4; Luther 1984). Es ist nicht schwierig, solche Gedanken zu kultivieren. Alles, was man tun muss, ist, ihren Fluss nicht zu unterbrechen. Meiden Sie die Bibel, meiden Sie weise und ehrliche Menschen, die Sie gut kennen, meiden Sie Gelegenheiten, bei denen Sie einen Blick in Ihr Inneres werfen müssen, meiden Sie den Kontakt zu Personen, die am Ende so etwas wie Mitgefühl in Ihnen wecken könnten. Vermeiden Sie es, nach Gottes Gegenwart Ausschau zu halten.

Vor allem aber müssen Sie sicherstellen, dass in Ihren Gedanken kein Raum für Gott ist. Stellen Sie einfach andere Sender ein.

2. Wenn es Ihr Ziel ist, ein mittelmäßiges geistliches Leben zu führen, müssen Sie Ihr Leben nur halbherzig an Gott abgeben. Auch diese Haltung wird in der Bibel erwähnt. Ein Autor beschreibt dort einen Zustand, den er „geteiltes Herz" nennt. In der jüdischen Tradition wird dies auch als *Yetzer hara*[7] bezeichnet – das abtrünnige Herz. Jesus selbst berichtet von einer Gemeinde, die an einem Zustand litt, den er als „lau" bezeichnete; die Menschen dort waren weder kalt noch heiß und hatten ihr Leben Gott nicht wirklich völlig unterstellt (Offenbarung 3,16).

Wenn Sie ein solches Leben führen, leben Sie in einem chronischen Zustand der „kleinen", verborgenen Sünden und sind vollkommen frustriert, weil die professionellen Oberliga-Sünder Ihrer Meinung nach so viel Spaß haben. Auf der anderen Seite führen Sie Ihren Gedanken aber noch gerade ausreichend religiösen Input zu, um ebenso chronische und kleine Schuldgefühle wegen der Mittelklasse-Sünden zu empfinden, die Sie begehen.

Wie erreicht man dieses Ziel? Ganz einfach: Holen Sie sich sporadisch geistliche Anregungen. Gehen Sie ab und zu in die Kirche bzw. in eine Gemeinde. Lesen Sie hin und wieder in der Bibel – aber bitte ohne klares Konzept und ohne die Absicht, sich von ihr verändern zu lassen. Beten Sie auch gelegentlich – am Besten nur dann, wenn Sie Probleme haben. Doch darüber hinaus sollten Sie darauf achten, dass Sie Ihre Gedanken mit den Dingen füllen, die auch alle anderen Menschen in unserem Kulturkreis bewegen. Zappen Sie einfach zwischen unterschiedlichen mehr oder weniger spirituellen Kanälen herum.

Doch es gibt noch eine dritte Alternative.

3. Laden Sie Gott ein, in Ihren Gedanken zu wohnen. In diesem Fall geht es darum, alle unsere Gedanken auf eine lebendige Beziehung zu dem Schöpfer von Himmel und Erde auszurichten, sodass er nach und nach alle verzerrten Ideen, destruktiven Gefühle und fehlgeleiteten Emotionen verdrängt. Sie werden merken, dass Ihre Gedanken sich immer mehr auf Gott einstellen, wenn die Gefühle, die Ihr Innenleben bestimmen, aus Freude, Liebe und Frieden bestehen – die drei Hauptkomponenten, die der Geist Gottes hervorbringt.

- Ich stehe vor einem Problem. Ich erinnere mich daran, dass ich nicht allein bin, denn das Wissen, dass Gott mein Hirte ist, ist sozusagen ein Teil meines geistigen Mobiliars geworden. Ich muss mich nicht toller oder besser darstellen, als ich bin. Ich bin mit mir selbst im Reinen.
- Jemand lobt mich. Ich denke zuallererst darüber nach, wie sehr Gott mich doch segnet. Ich mache einen gedanklichen Freudensprung.
- Jemand regt sich über mich auf. Ich denke daran, dass Gott bei mir ist und mich liebt. Ich muss mich nicht klein machen oder angegriffen fühlen. Ich kann lieben.
- Ich fahre mit meiner Tochter in die Eisdiele. Wie wunderbar, dass Gott einen so liebenswerten Menschen wie meine Tochter geschaffen hat. Ich bin von Freude und Eiscreme erfüllt. Und dankbar, dass es Eiscreme gibt.

Gott ist nie mehr als einen Gedanken weit von uns entfernt. Frank Laubach beschreibt, wie dies in unserem Leben aussehen kann:

„Wir können nicht zwei Dinge gleichzeitig im Kopf behalten. Tatsächlich können wir eine Sache nicht einmal mehr als eine halbe Sekunde behalten. Unsere Gedanken sind immer im Fluss. Konzentration ist nur die kontinuierliche Rückkehr zum selben Problem aus verschiedenen Blickwinkeln. Mein Problem ist also Folgendes: Kann ich Gott alle paar Sekunden in meinen Gedankenfluss zurückholen, sodass er ständig als Hintergrundbild

präsent und ein Element jedes Konzepts und jeder Idee ist? Ich entschließe mich dazu, den Rest meines Lebens zu einem Experiment zu machen, das diese Frage beantworten soll.“[8]

Wenn ich Gott einladen will, in meinen Gedanken zu wohnen, muss ich sie ständig mit den Dingen füllen, von denen Gott sagt, dass sie wichtig sind. Paulus rät: „Richtet eure Gedanken auf das, was schon bei euren Mitmenschen als rechtschaffen, ehrbar und gerecht gilt, was rein, liebenswert und ansprechend ist, auf alles, was Tugend heißt und Lob verdient“ (Philipper 4,8).

Wir wünschen uns oft, Gottes Führung in wichtigen Entscheidungen deutlich wahrnehmen zu können – zum Beispiel bei der Wahl des Ehepartners oder des Berufs. Doch gleichzeitig möchten wir uns das Recht vorbehalten, unsere Köpfe mit allem Müll voll zu stopfen, der uns tagtäglich begegnet.

Doch alles, was zum wiederholten Mal unsere Gedanken füllt, besetzt sie schließlich, formt sie – und wird sich dann in dem zeigen, was Sie tun und wer Sie sind. Die Ereignisse, denen wir beiwohnen, die Literatur, die wir lesen (oder nicht lesen), die Musik, die wir hören, die Bilder, die wir uns anschauen, die Gespräche, die wir führen, die Tagträume, denen wir nachhängen – sie formen unsere Gedanken. Und letztlich machen sie uns empfangsbereit oder taub für die leise Stimme Gottes.

Paulus sagte: „Jeden Gedanken, der sich gegen Gott auflehnt, nehme ich gefangen und unterstelle ihn dem Befehl von Christus“ (2. Korinther 10,5). Das klingt ausgesprochen anstrengend! Müssen wir wirklich 185 Milliarden mentale Bilder filtern, die im Laufe unseres Lebens durch unseren Kopf geistern? Natürlich müssen wir das nicht allein tun! Gott wird uns helfen, unsere Gedanken mit den richtigen Dingen zu füllen. Denn er ist nie mehr als einen Gedanken weit von uns entfernt!

Ich erhielt vor kurzem einen Brief von jemandem, den ich kaum kenne und der mich eigentlich nur von meinen Predigten her kennt. Diese Person sprach in ihrem Brief einen meiner Charakterfehler an – nichts wirklich Skandalöses, aber etwas, das egozentrisch genug ist, um mir peinlich zu sein. Sie hat mich gewarnt und ermahnt.

Als ich die Worte las, war es, als würde mich ein kleines Skalpell in der Mitte durchschneiden. Ich war versucht zu denken: *Oh nein, ist das erniedrigend! Jemand hat diesen Fehler bemerkt, gegen den ich schon so lange ankämpfe! Es ändert sich nichts und es wird sich auch nie etwas ändern. Ich frage mich, wie vielen anderen Personen das schon aufgefallen ist!*

Wenn ich solche Gedanken zulasse, ziehen sie mich in eine Abwärtsspirale aus Entmutigung, Lähmung und Selbstmitleid. Das ist der Tod! Solche Gedanken muss man daher herausfiltern. Als ich bemerkte, in welche Richtung sich meine Gedanken bewegten, sprach ich ein kleines Gebet, in dem ich Gott um seine Hilfe bat und darum, meine Gedanken zu leiten.

Daraufhin schossen mir dann die folgenden Gedanken durch den Kopf: *Das ist genau das, was ich hören musste, wenn ich nicht ewig in dieser Sünde gefangen bleiben will. Dieser Brief kann mir helfen, mich weiterzuentwickeln. Er spricht eine konkrete Verhaltensweise an, die ich ändern kann.*

Dann kam ein neuer Gedankenstrom von einer anderen Seite: *Warum sollte ich wollen, dass Menschen mich für besser halten, als ich bin? Die, die mich gut kennen, wissen sowieso, wie ich wirklich bin.*

Ich habe einen Freund, der immer dann, wenn jemand von uns etwas Unvernünftiges tut, ein klingelndes Telefon imitiert, abhebt, kurz zuhört und dann zum Betreffenden sagt: „Es ist der Trottel-Laden. Du sollst schnell kommen, sie brauchen noch Leute." Menschen, die mich gut kennen, wissen, dass ich Stammkunde in diesem Laden bin.

Und dann kam mir noch ein Gedanke: *Gott liebt mich sowieso. Genau dazu ist Gnade doch da.*

Es ist wirklich seltsam: Ich empfand immer noch einen gewissen Schmerz. Die Sache war mir auch nach wie vor peinlich, doch ein Teil von mir war auch ehrlich froh, weil dieser Brief mir die Gelegenheit bot, mich weiterzuentwickeln. (Übrigens: Sollten Sie beim Lesen dieses Buches auf weitere Charakterschwächen von mir gestoßen sein, schreiben Sie mir bitte nicht. Ich kann nur eine sehr begrenzte Menge Kritik verarbeiten!)

Die Kraft der Gemeinschaft

Gott gebraucht oft andere Menschen, um uns dabei zu helfen, seine Stimme wahrzunehmen. Es gibt Menschen in Ihrem Leben, deren Worte Sie beharrlich in Richtung Wahrheit, Freude und Liebe schieben. Nehmen Sie sich Zeit für diese Menschen!

In einer Szene am Schluss des Films *A Beautiful Mind* kommt nach einer Vorlesung ein Mann auf John Nash zu, den er noch nie gesehen hat. Der Mann erklärt ihm: „Ich bin hier, um Ihnen zu sagen, dass man Sie für den Nobelpreis in Betracht gezogen hat."

Nash schweigt einen Moment lang. Er hat Schlimmes erlitten, weil er auf Stimmen gehört hat, die ihm Großartiges versprachen. Er wird nicht einfach wieder auf eine solche Stimme hereinfallen. Also hält er eine seiner Studentinnen an: „Können Sie ihn sehen?"

„Ja."

„Sind Sie sicher? Bestimmt? Er ist in Ihrem Blickfeld?"

Die Studentin nickt und Nash wendet sich dem Mann wieder zu: „Da ich jetzt weiß, dass Sie real sind: Wer sind Sie und was kann ich für Sie tun?"

Für einen Mann mit einem so brillanten Verstand ist es sicher demütigend, so etwas zu tun. Doch Nash hat gelernt, sich von anderen Menschen helfen zu lassen, um die Stimmen, die es wert sind, gehört zu werden, von denen zu unterscheiden, die ihn zerstören.

Und genau das können wir auch tun. Der Geist Gottes spricht auch durch die Gemeinschaft der Nachfolger Jesu zu uns. Wenn Sie sich nicht sicher sind, aus welcher Ecke eine Stimme kommt, die Sie hören, sollten Sie zu vertrauenswürdigen Freunden gehen und mit ihnen darüber sprechen. Ist diese Stimme wirklich überzeugend oder arbeitet sie mit leeren Versprechungen oder Schuldgefühlen? Beinhaltet sie eine Berufung oder fördert sie nur den eigenen Größenwahn? Zapfen Sie die Kraft der Gemeinschaft an!

Zuhören lernen

Wenn wir wirklich lernen wollen, Gottes Gegenwart zu erkennen und auf sein Reden zu antworten, müssen wir logischerweise einige Zeit damit zubringen, ihm zuzuhören. Doch das fällt uns erfahrungsgemäß gar nicht so leicht.

> Samuels Gebet lautete: „Sprich, Herr, dein Diener hört" (1. Samuel 3,9). Aber ehrlich gesagt hört sich dies bei mir nur allzu oft eher so an: „Hör zu, Herr, denn dein Diener spricht."

Zuhören kann durch eine Reihe von geistlichen Übungen gefördert und unterstützt werden: Lesen, Zurückgezogenheit, Stille, aber auch Gespräche, die Betrachtung eines Sonnenuntergangs, gute Musik. Die vermutlich älteste und wirkungsvollste geistliche Übung ist die Meditation über der Bibel.

Im 1. Buch Mose wird uns mitgeteilt, dass Isaak „gerade auf dem Feld war" (Genesis 24,63). Was denken Sie, was er wohl da draußen tat? Das Wort „meditieren" schreckt viele Menschen ab. Es klingt fremdartig. „Meditieren – machen das nicht die Buddhisten ständig?", fragt man sich. Und das stimmt ja auch. Doch wie ein Freund von mir sagt: Auch Buddhisten frühstücken und wir haben deshalb noch lange kein Problem mit dem Frühstück allgemein.

Die Wahrheit ist, dass im Grunde jeder meditiert. Meditation ist einfach eine Bezeichnung für den Prozess, bei dem unsere Gedanken mit einiger Intensität und Dauer um ein bestimmtes Thema oder ein Bild kreisen. Grundsätzlich kann man über die „Sportschau", den *Dow Jones*-Index, eine Folge der „Simpsons" oder die Anzeige der Körperfettwaage meditieren. Es geht daher nicht um die Frage „ob", sondern „über was". Unser Kopf gehorcht dem Gesetz der Meditation ohnehin, so wie unser Körper dem Gesetz der Schwerkraft folgt.

Die Bibel hat eine Menge zum Thema „Meditation" zu sagen. Der Psalmist spricht davon, dass derjenige für Gott Frucht bringt, „der Freude findet an den Weisungen des Herrn, der Tag und Nacht in seinem Gesetz liest und darüber nachdenkt" (Psalm 1,2). Im Buch Josua rät Gott dem Volk: „Sprich die Weisungen aus meinem Gesetzbuch ständig vor dich hin und denke Tag und Nacht darüber nach, damit dein ganzes Tun an meinen Geboten ausgerichtet ist. Dann wirst du Erfolg haben und wirst alles, was du beginnst, glücklich vollenden" (Josua 1,8).

Meditation ist keine verwirrende Aktivität. Im Grunde kann man sie als „positives Sorgenmachen" bezeichnen. Wenn Sie wissen, wie man sich Sorgen macht, dann wissen Sie auch, wie man meditiert.

Zum Üben können Sie die Verse 7 und 8 des 16. Psalms nehmen: „Ich preise den Herrn, der mir sagt, was ich tun soll; auch nachts erinnert mich mein Gewissen an seinen Rat. Er ist mir nahe, das ist mir immer bewusst. Er steht mir zur Seite, ich fühle mich ganz sicher."

Sagen Sie sich diese Worte mehrmals hintereinander laut vor und lassen Sie sich diese immer wieder durch den Kopf gehen.

„Auch nachts erinnert mich mein Gewissen an seinen Rat. Er ist mir nahe, das ist mir immer bewusst." Nehmen Sie sich etwas Zeit, um sich vorzustellen, wie Sie dies in Ihrem Leben ganz praktisch umsetzen können. Wie wäre es wohl, aufzuwachen und als ersten Gedanken Gott vor sich zu haben? Wie wäre es, wenn Sie sich abends seiner Gegenwart bewusst wären, wenn Sie einschlafen? Wie würden Ihre Gespräche mit anderen Menschen verlaufen, wenn Gott als unsichtbarer Dritter dabei wäre? Wie wäre es bei der Arbeit oder in der Schule, wenn Sie ständig im Zwiegespräch mit Gott wären und ihn um seine Führung und Hilfe bitten würden, statt die Lasten allein zu tragen?

Ich denke oft intensiv über die Vorstellung nach, dass Gott „mir zur Seite steht" oder „zu meiner Rechten ist", wie es in anderen Übersetzungen heißt. In biblischen Zeiten galt die rechte Hand als diejenige, die die Arbeit tut. Deshalb war es ein Ehrenplatz, wenn man zur Rechten einer Person saß. Wenn Sie Linkshänder sind, haben Sie Pech gehabt – die Bibel ist rechtshändig.

„Ich fühle mich ganz sicher. […] Ich weiß mich beschützt und geborgen" (Verse 8 und 9). Ich stelle mir vor, wie ich schlechte Nachrichten erhalte oder Gegenwind bekomme; oder ich sehe jemanden vor mir, der mich nicht mag. Es läuft nicht gut für mich, aber ich weiß mich beschützt und geborgen. Ich lebe in Frieden.

Während ich so meditiere, bewegen sich die Gedanken von meinem Kopf in mein Herz. Ich beginne zu denken: *Ich möchte so leben!*

Dann beginnen die Gedanken, meinen Willen zu formen: „Gott, ich entscheide mich dazu, so zu leben! Ich werde tun, was immer nötig ist, damit das Wirklichkeit werden kann."

Dann kommt der Gedanke: *Ich bin mit dir!* Einfach so. Und er ist wirklich *mit* mir. Ich habe den richtigen Sender eingestellt.

Ganz langsam beginne ich zu begreifen, dass das, was unsere Gedankenwelt so großartig und wundervoll macht – eben *A Beautiful Mind* – einfach die Menge an gespeicherter Güte Gottes ist, die sich in ein wunderbares Leben ergießt.

Mehr als nur Intelligenz

Pam leitet den Kinderchor unserer Gemeinde. Ein Mitglied dieser Gruppe ist ein bisschen älter als die anderen Kindergartenkids. Es ist ein Junge mit Down-Syndrom. Als Teddy anfing, im Kinderchor mitzusingen, schaute er erst einmal nur zu und sang nicht. Ihm gefielen der Rhythmus der Musik und der Gesang der anderen Kinder, aber in erster Linie war er nur Zuschauer.

Doch eines Tages übten die Kinder ein Lied ein, das auf einer Aussage des Apostels Paulus beruhte: „Ich bin ganz sicher: Gott wird das gute Werk, das er bei euch angefangen hat, auch vollenden bis zu dem Tag, an dem Jesus Christus kommt" (Philipper 1,6). Pam brachte den Kindern passende Handbewegungen bei – sie sollten bei „Gott wird" nach oben zeigen, dann die Arme kreuzen bei „das gute Werk" und schließlich bei „bei euch" auf sich selbst deuten und so weiter. Nachdem sie dies mehrere Male geübt hatten, schaute Pam zu Teddy und bemerkte, dass er dieses Mal nicht nur passiv zuschaute. Er sah Pam in die Augen, hob einen Finger, und aus seinem überströmenden Herzen kamen die Worte: „Gott macht ein gutes Werk bei *mir.*"

Als ich noch jung war, wünschte ich mir sehr, klug zu sein. Es gefiel mir gar nicht, wenn andere Kinder bessere Noten bekamen als ich. Am liebsten wäre *ich* derjenige gewesen, der alle Antworten wusste.

Heute wünsche ich mir einen Verstand, der Gutes speichern kann. So wie Teddy. Er ist ein wirklich kluges Kind.

Kapitel 6

Walter Junior

„Gott zu lieben und den Nächsten zu lieben ist ein und dasselbe."
Bruder Lorenz[1]

„Jesus spricht mich mit der Stimme jedes Menschen an, dem ich begegne."
Esther de Waal[2]

Jesaja forderte Gott auf: „Vollbringe Taten, die uns staunen lassen und noch unsere kühnste Erwartung übertreffen! Komm herab, dass die Berge vor dir erbeben!" (Jesaja 64,2). Und eines Tages tat Gott genau das!

Wie hätte Jesaja ahnen können, was dieses „Herunterkommen" Gott kosten würde? Die Geschichte der Kreuzigung ist eine einzige Liebesgeschichte.

Vater Damien war ein Priester, der für seine Bereitschaft bekannt wurde, unter Leprakranken zu arbeiten.[3] Er zog nach Kalawao, einem Dorf auf der Insel Molokai im Staat Hawaii, das als Lepra-Kolonie diente. 16 Jahre lang lebte Vater Damien unter den Kranken.

Er lernte ihre Sprache. Er verband ihre Wunden, umarmte die Körper, die niemand sonst berühren wollte, und predigte zu ihren Herzen, die sonst allein gelassen wurden. Er rief eine Schule, eine Musikgruppe und einen Chor ins Leben. Er baute Häuser, sodass die Kranken Schutz fanden. Mit eigener Hand zimmerte er im Laufe der Zeit 2.000 Särge zusammen, damit die Toten in Würde bestattet werden konnten. Langsam, so heißt es, wurde Kalawao vom Ort des Todes zu einem Ort des Lebens. Denn Vater Damien brachte neue Hoffnung.

Vater Damien achtete nicht darauf, irgendeinen Sicherheitsabstand zu wahren. Er tat nichts, um sich zu schützen. Er aß mit den Fingern aus demselben Reistopf wie die Kranken. Er teilte seine Pfeife mit ihnen. Er wusch sich nicht immer die Hände, wenn er offene Wunden versorgt hatte. Er kam ihnen ganz nah und dafür liebten sie ihn.

Dann stellte er sich eines Tages hin und begann eine Predigt mit den Worten: „Wir Leprakranken …"

Jetzt half er ihnen nicht mehr nur; jetzt war er einer von ihnen. Von diesem Tag an lebte er nicht nur auf ihrer Insel, sondern steckte in ihrer Haut. Er hatte sich entschieden, so zu leben wie sie; nun würde er auch so sterben wie sie.

Eines Tages kam Gott zur Erde und sagte: „Wir Menschen …" Er half uns nicht nur. Er wurde einer von uns, steckte in unserer Haut, saß mit uns in einem Boot.

Die Geschichte der Kreuzigung ist eine Liebesgeschichte. Viele erkannten nicht, dass Jesus Gott ist. Sie hielten nach jemandem Ausschau, der nach ein bisschen *mehr* aussah. Vielleicht erwarteten sie ein paar Spezialeffekte und nicht jemanden, der sämtliche menschliche Beschränkungen annahm. Jesus kam wie Walter – viele sahen ihn, doch nur wenige erkannten ihn. Denjenigen, die ihn verpassten, fehlte nicht unbedingt das nötige Wissen. Was sie blind machte, war ihr Stolz.

Walter Junior

Als es für ihn Zeit wurde, die Erde wieder zu verlassen, sagte Jesus, dass seine Freunde sich freuen könnten, weil der Heilige Geist kommen würde, um eine ganz neue Art der Gemeinschaft mit ihnen zu bilden. Diese Gemeinschaft würde sein neuer Körper sein – der Leib Christi auf Erden, durch den seine Präsenz weiter ausgedehnt würde.

Aus diesem Grund finden wir in der Bibel zahlreiche Aussagen über Gottes Gegenwart in den Menschen. Und wenn wir intensiv darüber nachdenken und uns auf sie einlassen, werden sie uns den Atem rauben:

- „Denn wo zwei oder drei in meinem Namen zusammenkommen, *da bin ich selbst in ihrer Mitte*" (Matthäus 18,20).
- „Was ihr für einen meiner geringsten Brüder oder für eine meiner geringsten Schwestern getan habt, *das habt ihr für mich getan*" (Matthäus 25,40).
- „Bedürftigen helfen *heißt dem Herrn etwas leihen*, der wird es voll zurückerstatten" (Sprichwörter 19,17).

▸ „Niemand hat Gott je gesehen. Aber wenn wir einander lieben, *lebt Gott in uns.* Dann hat seine Liebe bei uns ihr Ziel erreicht" (1. Johannes 4,12).

Zu einer Zeit, als Saulus alias Paulus noch alle Hände voll damit zu tun hatte, die Nachfolger Jesu zu schikanieren und ins Gefängnis zu bringen, wurde er bei seiner Tätigkeit plötzlich von Jesus unterbrochen, der ihn fragte: „Warum verfolgst du *mich*?" (Apostelgeschichte 9,1–9). Jesus war jedoch zu diesem Zeitpunkt längst in den Himmel zurückgekehrt. Saulus verfolgte Männer und Frauen – Mitglieder der Gemeinde Gottes auf Erden. Doch offenbar identifiziert sich Jesus so sehr mit seinen Nachfolgern, dass er mitleidet, wenn sie leiden. Was Saulus der Gemeinde antat, das tat er im Grunde Jesus an.

Zuerst kam Jesus in dem Körper zur Welt, der in Marias Leib heranwuchs. Doch nachdem er in den Himmel zurückgekehrt war, war er in einem anderen Körper auf dieser Erde gegenwärtig – in der Gemeinschaft seiner Nachfolger. Es war wie eine zweite Menschwerdung. Die Gemeinde ist sozusagen Walter Junior.

Natürlich ist es noch schwieriger, Gottes Gegenwart in dieser zweiten Form zu erkennen, als es das schon bei der ersten der Fall war. C. S. Lewis schreibt darüber in seinem berühmten Buch „Dienstanweisungen für einen Unterteufel", in dem der Meisterdämon Screwtape seinen Neffen Wormwood darin unterweist, wie er das geistliche Wachstum seines „Patienten" untergraben kann – nämlich indem er seinen Stolz anspricht:

„Wenn er dann seinen Platz in der Kirchenbank einnimmt und sich ein wenig umsieht, so entdeckt er gerade jene Auswahl seiner Nachbarn, denen er bis dahin geflissentlich aus dem Wege gegangen ist. Du musst dich in deinen Unternehmen sehr stark auf diese Nachbarn stützen. Lasse seine Gedanken Vergleiche ziehen zwischen dem Ausdruck ‚ihr seid der Leib Christi' und den Gesichtern, wie er sie in der nächsten Kirchenbank sieht. Es spielt natürlich keine Rolle, welcher Art die Leute in jener nächsten Kirchenbank in Wirklichkeit sind. Vielleicht kennst du sogar einen unter ihnen als großen Kämpfer in den Reihen des Feindes. Es macht gar

nichts aus. Dank Unserm-Vater-in-der-Tiefe ist dein Patient ein Narr. Es braucht nur einer dieser Nachbarn ein bisschen falsch singen oder Schuhe tragen, die bei jeder Bewegung quieken, ein Doppelkinn haben oder sich auf wunderliche Weise kleiden, so wird dein Patient ganz leicht glauben, dass es auch mit der Religion dieses Menschen irgendwie komisch bestellt sein müsse."[4]

Auf eine Art und Weise, die wir nicht vollständig begreifen können, ist Gott wieder Mensch geworden. Er ist uns durch andere Menschen gegenwärtig: Immobilienmakler, Bankangestellte, Nachbarn, Obdachlose. Die meisten von uns erkennen ihn jedoch nicht. Wenn es um Menschen geht, trifft der Ausspruch vielleicht am besten zu: Gott ist näher, als man denkt!

Der Fall Naaman

In der Bibel wird häufig davon berichtet, dass Gott Menschen als Mittler und Boten gebraucht. Er sprach David durch den Propheten Nathan an: „Du bist dieser Mann!" (2. Samuel 12,7). Er ermutigte Esther durch ihren Onkel Mordechai: „Wer weiß, ob du nicht genau um dieser Gelegenheit willen zur Königin erhoben worden bist?" (Esther 4,14). Er segnete Maria und Josef durch einen alten Mann namens Simeon (Lukas 2,22). Durch seinen Schwiegervater erteilte er Mose einen mehr als hilfreichen Rat (Exodus 18,13–26; und je näher meine Kinder dem heiratsfähigen Alter kommen, desto plausibler erscheint mir die Idee, dass Gott durch einen Schwiegervater sprechen kann!).

Doch in dem besten Beispiel dafür, wie Gott wiederholt durch andere Menschen zu jemandem spricht, geht es um einen Mann namens Naaman (2. Könige 5). Lassen Sie uns seine Schwierigkeiten mit einer Botschaft Gottes näher betrachten, die dieser ihm durch reichlich ungewohnte Sprachrohre sandte.

Naaman war Soldat oder um es genauer zu sagen: Er war ein großes Tier in der Armee von Aram (heute Syrien). Man wird so etwas aber nicht rein zufällig. Naaman hatte sich im Laufe der Jahre als hervorragender Stratege etabliert. Wenn ein Hügel eingenommen oder ein Gefecht gewonnen werden musste, dann wusste Naaman, wie man das erreichen konnte.

Er war auch souverän genug, um aus dem politischen Gerangel der Generäle als Sieger hervorzugehen. Wir werden darüber informiert, dass er aus der Sicht seines Königs ein großer Mann war und hoch geschätzt wurde.

Wir begegnen Naaman, als er auf dem Höhepunkt seines Lebens angekommen ist. Er hat gerade die Armee der Israeliten besiegt und ihren König getötet. Jetzt kehrt er mit noch mehr Einfluss, Ruhm, Reichtum und Macht nach Aram zurück.

Doch er bringt noch etwas anderes mit nach Hause: eine kleine verfärbte Hautstelle an seiner Hand. Es ist genau die Art von erstem Anzeichen, die Vater Damien Tausende von Jahren später bei sich erblickte und sofort erkannte – der erste Bote der Krankheit, die Menschen nach Molokai verbannt.

Was für eine bittere Ironie! Naaman befehligt riesige Truppenkontingente. Er hält das Leben und den Tod Tausender in der Hand. Er kann planen, aushalten, kaufen, bestechen oder töten, um das zu bekommen, was er will. Nur dies liegt außerhalb seines Einflussbereiches. Diese kleine Stelle an seiner Hand ist ein Denkzettel, den ihm die Realität geschickt hat. Und die sieht nun einmal so aus, dass auch Naaman nur ein Klumpen Lehm auf zwei Beinen ist, der nicht einmal seinen nächsten Atemzug in der Hand hat. Damit hat Naaman nicht gerechnet.

Im Altertum wird das erste Anzeichen von Lepra als Todesurteil betrachtet. Es gibt nichts, das Naaman tun kann. Seine ganze Intelligenz, sein Reichtum, seine Macht und seine Beziehungen sind nutzlos. Er wird sterben.

Gott spricht durch eine Sklavin

Doch Gott schreitet ein. Er tut dies durch den denkbar ungewöhnlichsten Mittler: ein Sklavenmädchen, das Naaman aus Israel mitgebracht hat.

Das Mädchen wurde von zu Hause fortgeschleppt – von ihren Eltern und Geschwistern, den Menschen, die sie kennt und liebt. Ihre Träume von einer Ehe und Kindern und einem Zuhause, einem eigenen Leben sind zerplatzt. Wenn Naaman ganz oben in der Hackordnung steht, dann ist sie als weibliche Kriegsgefangene ganz unten. Und Naaman ist derjenige, der dafür gesorgt hat, dass sie sich in dieser Lage befindet.

Doch Gott will *sie* gebrauchen, um *ihn* zu retten. Das Leben dieses beinahe allmächtigen Generals liegt in den Händen einer kleinen Sklavin. Sie sagt zu Naamans Frau: „Es gibt einen Weg.

Unter meinen Leuten ist ein Mann namens Elisa. Gott hat ihm große Macht verliehen. Er kann Naaman heilen."

Stellen Sie sich Naamans Reaktion vor. Elisa ist ein Israelit und Israel ist das Land, das Naaman gerade in den Boden gestampft hat. Er hat dessen König umgebracht und Gott allein weiß wie viele andere Menschen noch. Wenn Naaman nach Israel geht und um Hilfe bittet, wäre das ungefähr so, als würde Osama bin Laden sich in einem New Yorker Krankenhaus behandeln lassen wollen.

Schlimmer noch – eine kleine Sklavin sagt diesem großen General, was er tun soll! Er ist wahrhaftig nicht daran gewöhnt, Ratschläge von Sklaven entgegenzunehmen. Aber was soll er sonst tun? Er ist verzweifelt. Also erniedrigt er sich selbst und tut, was sie gesagt hat.

Er erklärt seinem Chef, dem König von Aram, die Lage. Der König sagt: „Ist in Ordnung, ich schreibe dem König von Israel einen Brief – natürlich dem neuen König, denn den alten hast du ja getötet. Bist du sicher, dass das eine gute Idee ist, Naaman?"

Der König von Aram hat nicht den leisesten Schimmer, was zu tun ist. Er kennt Gott nicht. Er geht einfach davon aus, dass ein König immer das Sagen hat, und folglich muss der König von Israel auch irgendwie das Sagen über diese magische Heilungskraft haben. Er schreibt also einen Brief, den Naaman dem König übergeben soll: „Ich bitte dich, meinen Diener Naaman freundlich aufzunehmen und von seinem Aussatz zu heilen." Und um ihm einen kleinen Anreiz zu geben, legt der König dem Brief sieben Zentner Silber, eineinhalb Zentner Gold und zehn Festgewänder für den israelischen König bei.

Naaman schöpft wieder Hoffnung. Er hat Beziehungen – er kann sein Netzwerk nutzen, um sein Leben zu retten. Er hat Vermögen – mit seinem Geld kann er vielleicht seine Gesundheit zurückkaufen.

Der König von Israel erhält den Brief und ist darüber alles andere als glücklich. Er ist ein korrupter und feiger Mann – wie übrigens auch schon sein Vater – und er interpretiert die ganze Angelegenheit komplett falsch: „Der König von Aram bittet mich, einen Leprakranken zu heilen? Das ist doch eine Falle! Der will mich irgendwie reinlegen!"

Er denkt ausschließlich an sich, und man kann sich des Eindrucks nicht erwehren, dass Gott nicht eben häufig durch die vermeintlichen Großen dieser Geschichte spricht.

Der König zerreißt seine Kleider – ein Zeichen großer innerer Qualen. Dann beruft er ein Treffen mit dem königlichen Therapeuten ein. Wenn Könige in diesen Zeiten ihre Klamotten zerrissen, wurden die Menschen sehr nervös. Gerüchte über dieses Ereignis verbreiten sich wie ein Lauffeuer. Auch Elisa hört davon, und er lässt dem König ausrichten, er solle Naaman zu ihm schicken.

Naaman kommt zu Elisas Haus und laut biblischem Bericht hat er einen ziemlich beeindruckenden Fuhrpark dabei: Pferde, Wagen, jede Menge Soldaten. Genau die, die ihm dabei behilflich waren, die israelitische Armee zu vernichten.

Naaman wartet darauf, dass Elisa aus dem Haus eilt. Er denkt: *Das wird der Höhepunkt der Karriere dieses Typen – dass er mich heilen darf! Das wird er sicher ganz dick in seinem Lebenslauf vermerken.*

Gott spricht durch einen Boten

Elisa hält sich gerade im Haus auf und macht sich nicht einmal die Mühe herauszukommen. Stattdessen sendet er einen Boten. Naaman, der es gewohnt ist, dass alle springen, wenn er kommt, wird einmal mehr auf unerwartete Weise von Gott hören.

Der Angestellte von Elisa sagt: „Fahre an den Jordan und tauche siebenmal darin unter! Dann bist du von deinem Aussatz geheilt."

Dies ist Gottes Wort für Naaman, doch sein Stolz blendet ihn: *Mich im Jordan waschen?!*, denkt er. *Das muss wohl ein Witz sein! Für wen hält sich dieser Elisa eigentlich? Ich dachte, das hier wird ein großer Auftritt! Er kommt raus, winkt in die Kameras und schwingt eine bewegende Rede. Ich bin schließlich wer! Ich bin auch willens, für diesen Gott große Dinge zu tun – seine Schlachten zu schlagen, seine Feinde zu vernichten, ihm große Geschenke zu machen. Und jetzt kommt irgendein HiWi und sagt mir, ich solle mich im Jordan waschen?!*

Naamans Zorn trifft nicht nur Gott und Elisa: *Ist das Wasser des Abana und des Parpar, der Flüsse von Damaskus, nicht besser als alle Gewässer Israels? Dann hätte ich ja auch in ihnen baden können, um geheilt zu werden!* Er macht sogar einen Fluss schlecht!

Wie die Bibel berichtet, dreht sich der General nun um und geht wutentbrannt weg. Naaman ist ziemlich entnervt. Der Jordan ist so ziemlich der letzte Ort, an dem er erwartet hat, Gott zu begegnen. Überhaupt ist er nicht gerade wie ein Edelmann behandelt worden. Naaman wird sterben – aber wenigstens ist sein Stolz noch intakt!

Gott spricht durch einen Diener

Gott wendet sich ein letztes Mal an Naaman. Dessen Diener kauern sich zusammen. „Wer soll es ihm sagen?“ Noch einmal in dieser Geschichte kommt Gottes Botschaft aus dem Mund eines Mannes, der in den Augen der großen Haie nur ein kleiner Fisch ist. Einer der Diener zieht den Kürzeren und nähert sich dem zornigen Naaman mit zittrigen Knien. Interessanterweise nennt er ihn „Vater“, als er sein Anliegen vorbringt.

„Wenn Gott dich gebeten hätte, etwas Großes zu tun“, sagt der Diener, „dann hättest du es sofort getan. Wenn er dir befohlen hätte, ein Vermögen zu verschenken oder ein Reich zu erobern, hättest du nicht gezögert. Wenn Gott dir eine Gelegenheit geboten hätte, deine Größe zu zeigen und dein Image noch zu verbessern, hättest du es getan. Doch er hat etwas ganz anderes von dir verlangt. Warum zögerst du?“

Wer weiß, wie lange Naaman dort gestanden hat. Auf der einen Seite sind all die Jahre voller Stolz und Selbstbewusstsein und starkem Willen und großen Errungenschaften und starrköpfiger Unabhängigkeit. Und auf der anderen Seite steht diese Aufforderung, die von jemandem kommt, von dem er es nicht erwartet hätte.

Gott ist tatsächlich mit Naaman, obwohl dieser nichts getan hat, um das zu verdienen. Doch für Naaman gibt es keinen brennenden Busch und auch keinen Engelschor. Gott spricht durch eine Sklavin, einen Boten, einen Diener zu ihm. Er lässt seine Botschaft von Menschen überbringen:

> „Naaman, ich will dir begegnen – wenn du mich lässt. Aber ich bestimme den Ort, und es wird nicht dort sein, wo du es erwartest. Ich bitte dich nicht, etwas Spektakuläres für mich zu vollbringen. Was ich von dir will, ist nicht glamourös oder beeindruckend. Du wirst auf meine Stimme in den Worten derer hören müssen, denen du bisher wenig Aufmerksamkeit geschenkt hast. Und du wirst mich am Jordan treffen müssen."

Also geht Naaman schließlich doch hinunter zum Fluss. Der große General streift seinen Waffenrock ab, steigt ins Wasser und planscht herum wie ein Kind. Siebenmal taucht er unter und wäscht sich im Jordan. Und dort begegnet er Gott. Später sagt er zu Elisa: „Jetzt weiß ich, dass der Gott Israels der einzige Gott ist auf der ganzen Erde."

Gesegnet sind die, die ihre Grenzen kennen!

Waschen im Jordan

Lassen wir „Waschen im Jordan" doch als Synonym für all die wenig glanzvollen Kontakte mit Menschen in unserem Leben stehen: das Meeting im Job, das abendliche Spülen, das Gute-Nacht-Geschichte-Vorlesen mit Ihrem Kind, das Genörgel Ihrer Schwiegermutter, das Schwätzchen mit dem Nachbarn, das Treffen Ihrer Kleingruppe. Tatsächlich verbringen wir die meiste Zeit damit, uns „im Jordan zu waschen". Aber wie sehr sind wir darauf eingestellt, in diesen alltäglichen Begegnungen mit Menschen nach Gottes Gegenwart Ausschau zu halten und seine Botschaften zu empfangen?

Jesus ist in seiner Gemeinde gegenwärtig. Wenn Menschen seine Anwesenheit hier ernst nehmen, dann bewegt er etwas.

John Woolman war ein Quäker, der den starken Ruf verspürte, sich schon ein gutes Jahrhundert vor dem Ausbruch des amerikanischen Bürgerkriegs für die Abschaffung der Sklaverei einzusetzen. Er war aber auch der Überzeugung, dass diese Berufung von seiner Gemeinde bestätigt werden müsse, deren Mitglieder zum großen Teil selbst Sklaven hielten. Über zwei Jahre rangen und kämpften sie miteinander. Am Ende waren sich alle einig, dass die Berufung wirklich von Gott kam, und sie sagten Woolman ihre volle Unterstützung für seine Aufgabe zu. Auf Grund dieser Hingabe an Gottes Gegenwart in der Gemeinde wurden die Quäker zur ersten christlichen Gemeinschaft, die deutlich gegen die Sklaverei Stellung bezog.

Gott ist in seiner Familie gegenwärtig. Der Psychologe Henry Cloud erzählt in einem seiner Bücher von einer Zeit in seinem Leben, in der er mit Depressionen zu kämpfen hatte. Er bat Gott um Heilung – und hoffte auf ein spektakuläres Eingreifen Gottes, etwas mit Sofortwirkung und Filmreife. Außerdem war er der Meinung, dass diese Heilung ausschließlich zwischen Gott und ihm stattfinden würde. Doch Gott hatte etwas anderes vor. Er sandte Cloud mehrere Menschen über den Lebensweg, denen er wirklich wichtig war und die sich um ihn kümmerten. Im Laufe der Zeit bewirkten ihre Unterstützung und ihre Ehrlichkeit langsame Heilungsschritte. Daran war aber nichts Spektakuläres.[5]

Gott hatte ihm gesagt, er solle sich im Jordan waschen.

Als er später über all das nachdachte, erkannte Henry Cloud, dass er angenommen hatte, die „Spezialeffekte" seien eigentlich Gottes Plan A gewesen und die unterstützenden Menschen erst der Plan B, falls Plan A versagen sollte. Durch einen Blitzschlag oder magische Worte geheilt zu werden ist toll; Menschen scheinen so *gewöhnlich*.

Doch letzten Endes begriff Cloud, dass es bei Gott genau umgekehrt ist: Menschen sind Gottes bevorzugte Boten und sein Lieblings-Plan-A, weil sie nach seinem Bild geschaffen sind.

Das theologische Werk, das den Geist der Sixtinischen Kapelle vielleicht am klarsten widerspiegelt, wurde von Giovanni Pico della Mirandola verfasst und trägt den Titel „Rede über die Würde des Menschen"[6]. Mirandola betrachtet darin die Erschaffung des Menschen unter dem Gesichtspunkt, dass sie nach dem Willen Gottes Träger seines Bildes sind. Die in der Sixtinischen Kapelle abgebildeten Gesichter und Körper der Menschen scheinen die Stärke und Schönheit von Gott selbst widerzuspiegeln. Sie sind „Manifestationen menschlicher Würde, die das Heilige reflektieren"[7]. Michelangelo selbst beschrieb die Menschen als Schleier, durch die wir Gott selbst sehen:

„Gott in seiner Gnade zeigt sich mir nirgends mehr
als durch einen Schleier, sterblich und schön,
den ich dafür lieben werde, dass er sein Spiegel ist."[8]

Gottes Lieblingsplatz

Das bedeutet allerdings nicht, dass Gott in besonderem Maße in Menschen gegenwärtig ist, die in unseren Augen „göttlich" beziehungsweise etwas „Besonderes" sind: die Reichen, Schönen und Starken. Ganz im Gegenteil – wie Suzanne Farnham so treffend schreibt: „Jesus wählte immer wieder die Demütigen, Armen, Ausgestoßenen und Abgelehnten aus. Sie stellen oft Gottes Lieblingsplätze dar – in ihnen könnten wir Gott begegnen.“[9]

Vor einigen Jahren reiste ich mit einer Gruppe von Christen (unter anderem auch mit meiner Tochter, die damals gerade erst ein Teenie war) zu einem Missionsprojekt in Honduras. Eines Tages besuchten wir eine Art mobiles Krankenhaus, das eine medizinische Grundversorgung und Aufklärung in Sachen Hygiene anbot. Ich beobachtete, wie meine Tochter Shampoo an einige Kleinkinder ausgab, ihnen die Haare wusch und anschließend ihre Köpfe nach Läusen absuchte. Obwohl das Waschwasser eiskalt war, standen die Kinder brav in einer Reihe an und warteten, als sei dies der Höhepunkt ihres Tages – als würde jemand ihnen ein großes Geschenk machen. Es ist wenig Glamouröses oder Beeindruckendes daran, wenn man Kinderköpfe entlaust. Das kann jeder. Doch wenn das, was Jesus gesagt hat, zutrifft, dann tat Laura dies nicht nur für die Kinder, sondern auf mysteriöse Weise auch für ihn.

Ich konnte nicht umhin, mich zu fragen, wie die Welt aussehen würde, wenn wir alle einander in solchen kleinen Dingen dienen würden. Mutter Teresa war berühmt dafür, dass sie immer wieder erklärte, wir sollten uns nicht nach großen Taten ausstrecken, sondern kleine Dinge mit großer Liebe tun. Es ist schwierig, jemandem Liebe vorzuenthalten und Vorurteile oder Abneigungen zu pflegen, während man Haare wäscht und diese nach Läusen absucht. Mutter Teresa sagte ihren Mitarbeitern oft, dass sie mit den Ärmsten der Armen und mit den Sterbenden und Verlassenen besonders behutsam umgehen sollten. Sie ermahnte sie, diese Menschen mit der Ehrfurcht zu behandeln, die ein Priester walten lässt, wenn er die heiligen Sakramente vollzieht. Wenn man die Armen berührt, so wusste Mutter Teresa, „berührt man Jesus in seiner elendsten Verkleidung“.

Jesus ist überall um uns herum – auch in elenden Verkleidungen. Ich habe einmal Bischof Desmond Tutu über den Bezug zwischen der Lehre der Menschwerdung und der Politik der Apartheid sprechen hören. Apartheid, so sagte er, ist nicht einfach böse; vom christlichen Standpunkt aus betrachtet ist sie auch blasphemisch. Sie verletzt das göttliche Bild, das Gott in alle Menschen hineingelegt hat; sie zerstört die Menschheit, die Jesus erhöht hat, indem er ein Teil von ihr wurde.

Ich musste an das Gleichnis von den Schafen und den Ziegen denken, das im Grunde auch eine Walter-Parabel ist. Der König dankt einer Gruppe von Menschen und verurteilt eine andere, je nachdem, ob sie ihm Essen gegeben haben, als er hungrig war, ob sie ihm zu trinken gegeben haben, als er Durst hatte, und ob sie ihm Kleidung gegeben haben, als er keine hatte, und so weiter.

Beide Gruppen fragen: „Wann haben wir dich in einem solchen Zustand gesehen?"

Und der König entgegnet: „Ich versichere euch: Was ihr für einen meiner geringsten Brüder oder für eine meiner geringsten Schwestern getan habt, das habt ihr für mich getan" (Matthäus 25,31–46).

Gott ist näher, als man denkt!

Daher kann es eine hilfreiche Übung sein, einmal einen Tag lang ganz bewusst nach dem Jesus in elenden Verkleidungen Ausschau zu halten.

Das KIDH-Gebet

Frank Laubach beschreibt in *Man of Prayer* eine Methode, mit der man Gott ständig in Begegnungen mit anderen Menschen erfahren kann. Er bezeichnete diese Methode als das „KIDH"-Gebet, was für „Kann ich dir helfen?" steht.

„Man spricht mit Gott und Menschen gleichzeitig, indem man fragt: ‚Kann ich euch helfen, zusammenzukommen?' Wir fragen nicht: ‚Bist du mir sympathisch?' oder ‚Brauche ich dich?' oder ‚Lehne ich dich ab?', sondern: ‚Kann ich dir helfen?' und ‚Kann ich dir helfen, Gott zu finden?'"[10]

Dieses eine Gebet kann eine unvorstellbare Dynamik in Gang setzen, die Gottes Handeln sichtbar macht.

Vor einiger Zeit besuchte ich meine Eltern und ließ mir bei dieser Gelegenheit gleich bei einem Friseur die Haare schneiden, den sie mir empfohlen hatten. Ich sprach das „KIDH"-Gebet und daraus ergab sich zwischen mir und Ted, dem Friseur, ein ausführliches Gespräch über Gott und den Glauben. Ted führte den Laden gemeinsam mit seiner Frau Joanne, die normalerweise meiner Mutter die Haare schnitt.

Ich erzählte meiner Mutter von dem Gespräch mit Ted und

schlug vor, dass sie doch bei ihrem nächsten Friseurbesuch daran anknüpfen und mit Joanne ein wenig über Gott reden könnte. Meine Mutter seufzte nur – sie kannte nämlich einen großen Teil von Joannes Geschichte. Ted war Joannes fünfter Ehemann und sie seine dritte Ehefrau. Beide wussten, wie man Partys feiert und Geld ausgibt, aber es gab keinen Hinweis darauf, dass sie in irgendeiner Weise für Gott offen waren.

„Aber du könntest es doch trotzdem versuchen!“, beharrte ich. (Nur selten hat man die Gelegenheit, seiner Mutter mit solch geistlicher Vollmacht zu sagen, was sie tun soll!)

Als meine Mutter das nächste Mal zum Haareschneiden ging, fiel ihr unser Gespräch wieder ein. Während sie sich auf dem Stuhl niederließ, betete sie stumm: „Gott, wenn du möchtest, dass ich mit Joanne über dich rede, musst du mir irgendein Zeichen geben, weil ich das nämlich absolut nicht will!“

Joannes erste Worte an meine Mutter waren: „Kathy, ich habe gehört, dass Ihr Mann und Sie zu Hause eine Art Bibelstunde haben. Ted und ich haben uns gefragt, ob wir vielleicht mal vorbeikommen könnten.“

Meine Mutter zog in Erwägung, dies als Zeichen zu akzeptieren.

Joanne begann, ihr ihre Geschichte zu erzählen. Sie war in einer Familie aufgewachsen, in der Alkoholismus und Gewalt an der Tagesordnung waren. Außerdem war sie in religiöser Hinsicht zweigeteilt: Ihr Vater war Jude und ihre Mutter Katholikin. Ihr Vater hatte sie manchmal in die Synagoge mitgenommen, und wenn sie später nach Hause zurückgekommen waren, schickte ihre Mutter sie mit einem Rosenkranz auf ihr Zimmer, wo sie um Vergebung dafür bitten sollte, dass sie einen jüdischen Gottesdienst besucht hatte.

Joanne verließ ihr Elternhaus, so früh es ihr möglich war. Mit 16 war sie bereits stark alkoholabhängig. Als sie 21 wurde, hatte sie bereits zwei gescheiterte Ehen hinter sich und war stolz darauf, jeden Mann unter den Tisch trinken zu können.

Irgendwann begriff sie, dass sie sich selbst umbringen würde, wenn sie so weitermachte. Mehr zufällig stolperte sie in ein Treffen der Anonymen Alkoholiker. Die Zusammenkünfte taten ihr gut, doch mit dem religiösen Teil der 12 Schritte hatte sie Schwierigkeiten. Gegenüber dieser „höheren Macht“, die sie als Kind so verwirrt hatte, hatte sie einige Vorbehalte. Da sie sich nicht dazu überwinden konnte, das Wort „Gott“ auszusprechen, nannte sie die höhere Macht einfach „Ralph“. Sie kannte niemanden, der so hieß, und so schien ihr der Name agnostisch genug. Tatsächlich sprach sie auch davon, dass sie ihr Leben Ralph anvertraut habe. Eine Weile war sie also wohl der einzige „Ralphist“ der Welt.

Eines Tages kam ein Mann zum AA-Treffen, der noch nie zuvor dort gewesen war. Er hatte ganz offensichtlich kurz zuvor noch getrunken. Seine Kleidung war abgetragen und schmutzig und er stank nach Alkohol und Erbrochenem. Außerdem konnte er weder gerade gehen noch einen kompletten Satz sprechen. Doch eine Aussage bekam er heraus: „Hallo, mein Name ist Ralph und ich bin Alkoholiker.“

Statt über die Absurdität dieser Situation zu lachen, brach Joanne zusammen. „Das ist nicht mein Gott!“, weinte sie.

Nachdem sie meiner Mutter all das erzählt hatte, begann sich Joannes Leben zu verändern. Sie und ihr Mann Ted begannen, sich für die Realität Gottes zu öffnen. Und dann geschah es: Der Friseursalon wurde zu Bet-El, einem Ort, an dem Gottes Gegenwart real wurde.

Gott sprach durch mich zu Ted und durch Ted zu mir; durch mich zu meiner Mutter, durch meine Mutter zu Joanne und umgekehrt. Auf eine ganz seltsame Art und Weise sprach er auch durch Ralph zu Joanne. So ist das eben mit unserem Gott – er spricht durch Menschen.

Ich möchte Ihnen gerne für den morgigen Tag einen Auftrag mitgeben: Halten Sie nach Gott in jedem Menschen Ausschau, dem Sie begegnen. Wenn Ihnen ein schwieriger Mensch über den Weg läuft, sagt Jesus zu Ihnen: „Liebt eure Feinde und betet für alle, die euch verfolgen“ (Matthäus 5,44).

Wenn Sie einen Bedürftigen treffen, sagt Jesus zu Ihnen: „Was ihr für einen meiner geringsten Brüder oder für eine meiner geringsten Schwestern getan habt, das habt ihr für mich getan“ (Matthäus 25,40).

Wenn Sie mit jemandem zusammen sind, den Sie lieben, dann lassen Sie zu, dass Gott Ihnen durch diesen Menschen seine Liebe zukommen lässt.

Wenn Sie einen Fremden sehen, denken Sie an das „KIDH“-Gebet.

Wenn Sie einem anderen Christen begegnen, sagt Jesus zu Ihnen: „Denn wo zwei oder drei in meinem Namen zusammenkommen, da bin ich selbst in ihrer Mitte“ (Matthäus 18,20).

Von allen Geschöpfen dieser Erde heißt es nur von den Menschen, dass Gott sie nach seinem Bild geschaffen hat. Und so kommt es, dass Menschen wie kein anderes Geschöpf dazu in der Lage sind, seine Gegenwart in sich zu tragen. Wir unternehmen lange Reisen, um Naturwunder wie den Grand Canyon oder die Niagara-Fälle zu bestaunen. Doch wenn unsere Augen wirklich sehen könnten und unsere Herzen richtig arbeiten würden, würden wir jedes Mal vor Ehrfurcht auf die Knie sinken, wenn wir einem menschlichen Wesen begegnen. Denn diese sind die wahren Wunder. Sie sind die Träger Gottes.

Und vergessen Sie nicht, das nächste Mal, wenn Sie eine Gemeinde besuchen, vor Ehrfurcht die Luft anzuhalten. Was Sie da vor sich haben, ist nicht einfach nur eine Gruppe Leute, die Lieder singen oder einer Predigt zuhören. Vor Ihnen befindet sich Gottes Körper auf Erden. Wo zwei oder drei von diesen Personen sich in seinem Namen versammeln, ist er mitten unter ihnen, denn sie sind Walter Junior.

Kapitel 7

Geistliche Zugangswege

„Warum sonst sollten Einzelwesen erschaffen sein als um deswillen, dass Gott – sie alle unendlich liebend – dennoch jedes Einzelne auf unterschiedliche Weise liebt?"
C. S. Lewis[1]

Menschen sind unterschiedlich.

Es ist Schlafenszeit. Ich gehe in das Zimmer meiner Tochter, um ihr Gute Nacht zu sagen. Sie ist von Stofftieren und heiß geliebten Puppen umgeben und befindet sich in diesem niedlichen Zustand zwischen Wachsein und Schlummern. Ich setze mich auf den Bettrand und schaue ihr tief in die Augen, während sie ganz still daliegt. Dann versuche ich, ihr mitzuteilen, was in meinem Herzen vor sich geht: „Ich bin so froh, dass es dich gibt! Hast du irgendeine Ahnung, wie sehr ich dich liebe? Es gibt nichts in meinem Leben, das mich so glücklich macht wie das Geschenk, dein Vater sein zu dürfen."

Sie sieht zu mir auf und sagt: „Papa, ich hab dich soooo lieb!"

Beide haben wir Tränen in den Augen. Sie schlingt ihre kleinen Ärmchen um meinen Hals. Wir sind beide Gefühlsmenschen und so schwelgen wir in diesen emotionalen Augenblicken.

Ich schwebe aus dem Zimmer und habe das Gefühl, dieses Vatersein ganz gut im Griff zu haben. Dann betrete ich das nächste Kinderzimmer. Dieses Kind ist ebenfalls von Tieren und Puppen umgeben, obwohl einige von ihnen versehentlich auf dem Boden gelandet sind. Das Mädchen befindet sich nicht in diesem niedlichen Zustand zwischen Wachsein und Schlummern, weil es nur zwei Zustände kennt: Vollgas und Bewusstlosigkeit. Sein Stoffwechsel hat einen Ein/Aus-Schalter, aber keinen Dimmer. Ich setze mich auf den Bettrand, doch es liegt nicht still da, weil es das gar nicht aushalten kann. Ich halte ihm dieselbe kleine Rede: „Ich bin so froh, dass es dich gibt! Hast du irgendeine Ahnung, wie sehr ich dich liebe? Es gibt nichts in meinem Leben, das mich so glücklich macht wie das Geschenk, dein Vater sein zu dürfen."

Es sieht zu mir auf und sagt: „Papa, dir hängt da was aus der Nase!“

Zwei Kinder. Dieselben Eltern, derselbe Genpool, dieselbe Familie, dasselbe Haus – aber sie sind eindeutig verschieden gepolt. Bevor ich Kinder hatte, hatte ich romantische Vorstellungen davon, wie ich diese kleinen Menschenleben formen würde, die Gott mir anvertrauen würde. Nach der Geburt unserer drei Sonnenscheine bekam ich dann einen Schnellkurs in Sachen Erziehung. Ich begriff, dass ich mich auf die Individualität jedes Einzelnen einstellen und einlassen musste, wenn ich sie für mich gewinnen wollte. Wenn ich versuchen würde, sie dazu zu zwingen, alle auf dieselbe Art und Weise auf mich zu reagieren, würde das in einem Desaster enden.

Jeder, der gut mit Menschen umgehen kann, lernt dies früher oder später. Erfolgreiche Trainer wissen, welche Spieler mit deutlichen Worten verbal angespornt werden müssen, um in Schwung zu kommen, und welche mit Samthandschuhen angefasst werden müssen, damit sie nicht entmutigt werden. Verkäufer, die es bis ganz nach oben schaffen, entwickeln einen hervorragenden siebten Sinn dafür, welche Kunden etwas Druck und welche mehr Freiraum brauchen. Erfolgreiche Manager und Therapeuten und Lehrer und Politiker sind Meister in der Kunst, menschliche Unterschiede zu erkennen und entsprechend zu handeln.

Doch das ist noch lange nicht alles: Unser Leben wird auch durch die Unterschiedlichkeit der Menschen bereichert, mit denen wir zu tun haben. Ich habe Freunde, denen es wahnsinnig viel Spaß macht, sich zusammenzusetzen und über ein tolles Buch zu sprechen, das sie gerade gelesen haben. Andere sind schon mit Drachenfliegern von einer Steilküste abgesprungen. Meine Freunde sind auf ganz unterschiedliche Weise mit mir zusammen; sie sehen meine verschiedenen Seiten. Und ich bin froh, dass das so ist!

Warum denken wir nur, dass Gott darüber nicht Bescheid wüsste?

Er ist derjenige, der uns erschaffen hat, und er wollte, dass wir vollkommen, wunderbar, absurd unterschiedlich sind! Kopfmenschen und Bauchmenschen, kumpelhafte Typen und Einsiedler, Rennpferde und Schildkröten – Gott hat sie alle erschaffen.

Doch allzu oft vergessen wir, dass unsere Individualität auch dazu führt, dass wir Gottes Gegenwart ganz unterschiedlich erleben und unterschiedlich auf ihn reagieren – nämlich auf die Art und Weise, die zu dem passt, wie er uns höchstpersönlich verdrahtet hat. Leider wird Gemeindemitgliedern oft die „Eine-für-alle“-Methode zum geistlichen Wachstum präsentiert – doch das wäre ungefähr so, als würde ein Arzt dasselbe Medikament für sämtliche gesundheitlichen Probleme vom Ausschlag bis zur Lungenentzündung verschreiben.

Gary Thomas schreibt in seinem Buch „Neun Wege, Gott zu lieben“ dazu:

„Viel zu oft bekommen Christen, die sich nach geistlicher Nahrung sehnen, dieselben allgemeinen und allumfassenden Methoden angeboten – normalerweise irgendeine Variante der Standardversion ‚Stille Zeit‘. Warum? Weil es einfach, üblich und nachprüfbar ist. Aber für viele Christen ist es schlichtweg nicht genug.“[2]

Gott möchte in jedem von uns ganz gegenwärtig sein. Doch weil er uns so unterschiedlich geschaffen hat, hilft nicht jedem Menschen dieselbe Art von Aktivität und Übung dabei, mit ihm in Verbindung zu treten. Manche Autoren sprechen von verschiedenen geistlichen „Temperamentstypen“. Der oben erwähnte Gary Thomas beschreibt in seinem Buch unterschiedliche „geistliche Wege“, auf denen wir uns Gott nähern. (Stellvertretend für viele, viele Autoren, die sich mit diesem Thema beschäftigt haben, seien hier Gary Thomas, Bill Hybels, Ruth Barton, Corinne Ware und Robert Mulholland genannt.)

Ein geistlicher Zugangsweg ist ein Weg, auf dem wir am natürlichsten Gottes Gegenwart erleben und geistliches Wachstum erfahren. Für jeden Menschen gibt es zumindest einen solchen Zugangsweg, der für uns leicht begehbar ist. Es gibt auch einen oder zwei, die unserem Wesen vollkommen widersprechen und eine Menge Anstrengung erfordern.

Es ist sehr befreiend, wenn man seinen persönlichen geistlichen Weg entdeckt hat und diesen verfolgen kann! Es ist ein bisschen so, als würde man erkennen, dass man als introvertierter Typ nicht unbedingt Verkäufer werden muss; man darf auch in einer Bibliothek arbeiten! Sie müssen sich nicht schämen oder schuldig fühlen, weil manche geistlichen Wege einfach *nicht* Ihr Ding sind. Sie dürfen sich darauf konzentrieren, auf die Art und Weise mit Gott in Verbindung zu treten, für die Sie geschaffen wurden – während Sie gleichzeitig anerkennen sollten, dass es durchaus Bereiche gibt, mit denen Sie sich näher beschäftigen sollten, weil sie Ihrem Wesen zuwiderlaufen, aber dennoch hilfreich sein können, um Gottes Gegenwart zu erfahren.

Wir werden den größten Teil dieses Kapitels damit verbringen, sieben geistliche Trampelpfade zu beschreiten. Behalten Sie dabei bitte im Hinterkopf, dass jeder Mensch zumindest einige Schritte auf jedem davon gehen sollte. Wir alle begegnen Gott in unseren Gedanken, an unserem Arbeitsplatz, in unseren Beziehungen und so weiter. Doch Sie werden merken, dass einige der vorgestellten Zugänge zu Gott in Ihnen einen stärkeren Widerhall auslösen als andere. Das sind die geistlichen Wege, die es Ihnen unter Umständen ermöglichen, sich ganz neu oder viel weiter als bislang für Gott und sein Handeln und Reden zu öffnen.

Doch jeder dieser sieben geistlichen „Trampelpfade" birgt auch seine ganz eigenen Gefahren, auf die ich ebenfalls eingehen werde.

Der intellektuelle Zugang

Menschen, die sich auf dem intellektuellen Wege Gott nähern, fühlen sich mit ihm verbunden, wenn sie etwas über ihn lernen. Sie beginnen, innerlich zu vibrieren, wenn jemand logisch und herausfordernd über den Glauben spricht. Ideen sind für sie ebenso lebendig wie Menschen. Sie lieben es, die Bibel zu studieren. Das Wort „Theologie" zieht sie ebenso an wie andere die Ankündigung: „Gleich gibt es frische Waffeln mit heißen Kirschen und Sahne!" Niemand möchte mit ihnen in eine Buchhandlung gehen, weil das bedeutet, dass man erst einige Stunden später wieder herauskommen wird.

Wenn es Ihnen auch so geht, dann schielen Sie im Gottesdienst während des Anbetungsteils auf die Uhr und freuen Sie sich darauf, wenn endlich die Predigt beginnt. Es macht Ihnen etwas Sorgen, wenn Ihr neuer Hauskreis aus Personen zu bestehen scheint, die den Eindruck vermitteln, dass sie nicht besonders lernwillig sind. Wenn Sie einer Krise oder einer Herausforderung gegenüberstehen, dann neigen Sie dazu, analytisch zur Problemlösung zu schreiten.

Mose hielt an den zentralen Geboten Gottes fest: „Darum liebt ihn von ganzem Herzen, mit ganzem Willen und mit aller Kraft" (Deuteronomium 6,5). Als Jesus diese Anweisung zitierte, folgte er der „Septuaginta" (der altgriechischen Übersetzung) und fügte noch etwas hinzu: „Liebe den Herrn, deinen Gott, von ganzem Herzen, mit ganzem Willen und mit aller deiner Kraft und deinem ganzen Verstand!" (Lukas 10,27). Wenn Sie ein intellektueller Typ sind, sind Sie für diesen Zusatz zutiefst dankbar! (Außerdem bekommen Sie bei dem Wörtchen „Septuaginta" einen kleinen Adrenalinstoß!).

Ein typischer Vertreter dieses intellektuellen Typs war wohl der Apostel Paulus. Er berichtet über seine Lehrjahre bei Gamaliel, einem der größten hebräischen Gelehrten seiner Zeit. Paulus' scharfer Verstand hat in den vergangenen 2.000 Jahren viele der großen Denker dieser Welt beschäftigt. Besonders interessant ist es zu beobachten, dass Paulus oft mitten in einem Satz vom Denken zum Lobpreis wechselt: „Ich bitte ihn, dass ihr [...] begreifen lernt, wie unermesslich reich euch Gott beschenkt. Ihr sollt die Liebe erkennen, die Christus zu uns hat und die alle Erkenntnis übersteigt. [...] Ihm gehört die Ehre in der Gemeinde und durch Jesus Christus in allen Generationen, für Zeit und Ewigkeit!" (Epheser 3,20–21).

Wenn Sie wie Paulus sind, dann führt der Weg zu Ihrem Herzen mitten durch Ihren Verstand. Sie vernehmen Gottes Reden am besten, wenn Sie etwas über ihn lernen. Sie müssen sich ständig mit klugen Büchern, tiefschürfenden Gedanken und klarer Lehre beschäftigen. Wenn Sie sich mehr Wissen aneignen können, fühlen Sie sich erst richtig lebendig. Die meisten Ihrer wirklich bedeutsamen Begegnungen mit Gott – Anbetung, Entscheidungen, Schulderkenntnis oder Umkehr – haben Sie erlebt, als Sie sich mitten in einem wichtigen Lernprozess befanden. Es macht Ihnen Spaß, Seminare zu besuchen, auf der Suche nach neuem „Input" im Internet herumzusurfen oder sich lange Autofahrten mit Hörbüchern zu versüßen. Wenn Sie nicht lernen, haben Sie das Gefühl zu stagnieren.

Die Gefahr dieses geistlichen Zugangs liegt darin, dass man nur den Kopf gebraucht und das Herz vernachlässigt. Dallas Willard merkte einmal an, dass es extrem schwierig ist, Recht zu haben und damit trotzdem niemanden zu verletzen. Nur wenige

Menschen sitzen gern neben einem Rechthaber, der auch noch stolz darauf ist, immer Bescheid zu wissen. Eine der vielen bemerkenswerten Eigenschaften von Jesus war, dass er zwar immer Recht hatte, aber niemanden mit seiner geistlichen Überlegenheit vor den Kopf stieß (außer vielleicht die Pharisäer). „Erkenntnis allein macht überheblich. Nur Liebe baut die Gemeinde auf", schrieb Paulus, der es ja wissen musste, an die Gemeinde in Korinth (1. Korinther 8,1).

Wenn der intellektuelle Weg Ihr Zugang zu Gott ist, ist es für Sie daher wichtig, darauf zu achten, dass Sie nicht nur Ihr Wissen ausbauen, sondern auch Ihre „Liebesfähigkeit".

Der beziehungsorientierte Zugang

Menschen, die diesem geistlichen Zugangsweg folgen, spüren die Gegenwart Gottes besonders, wenn sie in intensive Beziehungen zu anderen Menschen eingebunden sind. Jesu Aussage, dass er anwesend ist, wenn zwei oder drei Menschen in seinem Namen versammelt sind, ist für einen Beziehungsmenschen vollkommen logisch. Kleingruppen und anderes gemeinschaftliches Leben sind für Menschen mit diesem geistlichen Zugang unverzichtbar.

Der Soziologe Robert Wuthnow sagt, dass Kleingruppen die größte Sozialrevolution unserer Zeit darstellen, und beziehungsorientierte Menschen sind ein Grund dafür, warum sie eine so durchschlagende Wirkung haben.[3] Sie sind regelrechte Kleingruppenjunkies! Sie beginnen überall mit Gruppenbildung – an ihrer Arbeitsstelle, in ihrer Nachbarschaft, in der Schule, mit den Eltern der Freunde ihrer Kinder und möglichst sogar schon auf längeren Fahrten mit dem Bus.

Wenn Sie sich in diesen Beschreibungen wiedererkennen, dann gibt es in Ihrem Umfeld kaum Fremde, nur Freunde. Selbst wenn jemand Sie anruft, weil er Ihnen etwas verkaufen will, haben Sie ihn innerhalb kürzester Zeit in ein Gespräch über sein wirkliches Befinden verwickelt.

Hingegen macht Sie allein zu sein nervös. Sie fühlen sich manchmal schuldig, wenn Sie andere über ausgedehnte Zeiten des Rückzugs in die Einsamkeit reden hören. *Hm, Einsamkeit wäre gar nicht so schlecht – wenn ich ein paar Leute mitnehmen dürfte!*, denken Sie sich. Ihre geistlichen Schlüsselerlebnisse – Sündenerkenntnis oder die Ermutigung durchzuhalten – haben Sie in Gesellschaft erlebt, und Gott spricht in erster Linie durch andere Menschen zu Ihnen.

Ich könnte mir vorstellen, dass Petrus ein solcher Beziehungsmensch war. Er kam schon gemeinsam mit anderen zu Jesus. Dann wurde er zusammen mit Jakobus und Johannes ein Teil des inneren Kreises dieser Gruppe. Nach der Kreuzigung war er derjenige, der die anderen um sich versammelte und mit ihnen zum Fischen hinausfuhr. Die Schlüsselmomente seines Lebens – seine Entscheidung, mit Jesus zu gehen, sein Bekenntnis, dass Jesus der Messias war, seine Verleugnung, sein Nachgeben vor den Gesetzlichen (Paulus berichtet in seinem Brief an die Galater, Kapitel 2, Verse 11 bis 21 davon) –, das alles geschah im Beziehungskontext, im Beisein von anderen Menschen.

Menschen mit diesem Persönlichkeitstyp brauchen ein Leben, das reich an Beziehungen ist. Sie müssen Teil von Freundschaften und Gruppen sein, die gemeinsam wachsen und ihre Beziehung immer weiter vertiefen. Vertreter dieses geistlichen Zugangs spüren, dass sie viel konsequenter und tief gehender in den geistlichen Übungen wie Gebet oder Dienen werden, wenn sie dies in Gemeinschaft mit anderen tun.

Ich habe einen Freund, der mit seinem Gebetsleben vollkommen unzufrieden war; dann begann er, einen Gebetskreis zu leiten – und das hat seine eigene Fähigkeit zu beten in einer Art und Weise revolutioniert, die er nie erfahren hätte, wenn er weiter alleine gebetet hätte. Menschen, die diesem Weg folgen, hören Gott eher in einem Gespräch reden als zum Beispiel beim Lesen eines Buches. Sie stagnieren geistlich, wenn sie sich von anderen Menschen isolieren.

Beziehungsorientierte Menschen sollten sich vor zwei Gefahren hüten: Die erste ist Oberflächlichkeit. Es kann durchaus passieren, dass Sie sich in vielen oberflächlichen Beziehungen verzetteln, in denen der andere nicht weiter in Sie vordringt als bis zum „äußeren Ich". Folglich kann Sie auch niemand tief gehend lieben, herausfordern und konstruktive Kritik üben. Die zweite Gefahr ist, dass Sie von anderen Menschen in einer Weise abhängig werden, dass Sie sich in eine Art geistliches Chamäleon verwandeln.

Geistliche Übungen wie Einsamkeit oder Stille stellen für Sie eine echte Herausforderung dar. Sie werden vielleicht niemals das Gefühl haben, dass sie zu Ihrem Typ passen, aber sie können Ihnen dabei helfen, nicht von der Meinung anderer Menschen abhängig zu werden.

Der dienende Zugang

Menschen, die diesem geistlichen Weg folgen, haben erkannt, dass sie Gottes Gegenwart am stärksten spüren, wenn sie anderen Menschen helfen. Jesu Anmerkung, dass man alles, was man für andere Menschen tut, im Grunde für ihn tut, ist eine Wahrheit, die sie buchstäblich erleben.

Wenn dies Ihr geistlicher Zugang ist, fühlen Sie sich bei Veranstaltungen und Unternehmungen etwas unwohl, wenn Sie dabei keine konkrete Aufgabe haben. Wenn Sie dagegen etwas tun können – Stühle stellen, Kaffee kochen, beim Dekorieren helfen –, spüren Sie förmlich, wie Sie selbst und Gott Freude darüber empfinden. Während Sie irgendeinen Dienst verrichten, kommen Ihnen oft wichtige Erkenntnisse oder Sie vernehmen das Reden Gottes auf eine ganz natürliche Weise.

Ein biblisches Beispiel für diesen Zugang könnte eine Frau namens Dorkas (bzw. Tabita) gewesen sein. Sie wird in der Apostelgeschichte, Kapitel 9, Vers 36 nur kurz erwähnt, aber dort heißt es, dass sie ständig gute Taten vollbracht und den Armen geholfen hat. Mutter Teresa ist wohl das moderne Paradebeispiel für diesen geistlichen Zugang. Sie sagte, dass sie sich vor allem deshalb so sehr dem Dienst an den Armen widmete, weil es ihr tiefe Freude machte – und nicht, weil sie sich dazu verpflichtet fühlte. Wenn sie allein war, spürte sie ihre eigene Unzulänglichkeit viel stärker; die Gegenwart Gottes war ihr am deutlichsten bewusst, wenn sie anderen diente. Ex-Präsident Jimmy Carter hat durch seinen ehrenamtlichen Einsatz für die Organisation *Habitat for Humanity* vermutlich viel mehr Menschen inspiriert als durch seine Zeit im Weißen Haus.

Menschen, die diesem geistlichen Zugangsweg folgen, haben das Gefühl, dass sie Gott nicht wirklich nahe sind, wenn sie einfach nur eine Gemeinde besuchen, ohne dort auch eine konkrete Aufgabe zu haben. Sie müssen Teil einer Gemeinschaft sein, in die sie sich sinnvoll einbringen können. Wenn sie Menschen dienen, empfinden sie ständig Gottes Gegenwart in ihnen, und auf diese Art und Weise werden sie in ihrem geistlichen Leben ungemein bereichert.

Menschen mit diesem geistlichen Zugang laufen jedoch Gefahr zu denken, dass Gott *nur dann* gegenwärtig ist, wenn sie anderen dienen. Sie können sich so in ihre Dienstbereitschaft hineingeben, dass sie ganz vergessen, dass sie in erster Linie Kinder eines großzügigen Vaters sind, der ihnen ein Leben in Fülle schenken will. Sie müssen ihre Grenzen erweitern, indem sie lernen, auch einmal Liebe zu empfangen, statt sie nur zu geben. Eine andere Gefahr besteht darin, dass sie leicht verächtlich auf andere herabsehen, die nicht so viel Einsatz bringen wie sie selbst.

Der anbetungsorientierte Zugang

Menschen, die diesem geistlichen Zugangsweg folgen, empfinden vermutlich ebenso wie der Psalmist, der folgende Worte niederschrieb: „Wie habe ich mich gefreut, als man zu mir sagte: ‚Komm mit, wir gehen zum Haus des Herrn!'" (Psalm 122,1). Sie haben eine tiefe Vorliebe für die Anbetung Gottes und ein natürliches Bedürfnis danach, ihn zu feiern. Wenn sie die Möglichkeit haben, Lobpreis und Anbetung verbal auszudrücken, dann wird etwas ganz tief in ihrem Inneren freigesetzt. Einige ihrer geistlichen Schlüsselmomente haben sie während ausgedehnter Lobpreiszeiten erlebt.

Ein klassisches Beispiel hierfür können wir in Psalm 73, Verse 16 und 17 nachlesen. Der Verfasser dieses Psalms macht sich darüber Gedanken, wie oft es schlechten Menschen doch gut ergeht und dass die Menschen, vor denen seine Mutter ihn immer gewarnt hat, ein schönes Leben führen. Er hingegen hat sich immer aus allem herausgehalten und irgendwie scheint sich dies nicht auszuzahlen. „Ich mühte mich ab, das alles zu verstehen, aber es schien mir ganz unmöglich. Doch dann kam ich in dein Heiligtum. Da erkannte ich, wie es mit ihnen ausgeht."

Im Lobpreis *erlebt* der Psalmist wieder neu, dass Gott tatsächlich real ist und dass seine Gegenwart seine gesamte Perspektive verändert.

Wenn der anbetungsorientierte Zugang auch Ihr primärer Weg zu Gott ist, dann hoffen Sie jeden Sonntag, dass die Lobpreiszeit ewig dauern wird. Während die intellektuellen Typen auf ihre

Uhren schauen und der Predigt entgegenfiebern, rufen Sie innerlich: „Lasst uns noch ein Lied singen!“ Ob Sie nun von Natur aus ein eher expressiver Typ sind oder nicht – irgendwie öffnet sich beim Lobpreis Ihr Herz und Sie fühlen sich richtig lebendig. Manchmal kommen Ihnen die Tränen, oder Sie empfinden tiefe Freude, einfach weil Gott Ihnen so nah ist.

König David war vermutlich auch ein Vertreter dieses geistlichen Zugangs. Er verfasste unzählige Psalmen, in denen er Gott pries. Außerdem war er ein Meister auf der Harfe und drückte seine Freude an Gott gern in Form von Musik aus. Wir können in der Bibel nachlesen, dass er bei einer Gelegenheit (2. Samuel 6,12–22) so ausgelassen vor Gott tanzte, dass er sich sozusagen bis auf die Unterwäsche auszog – etwas, das man sicher nicht tun würde, wenn man ein eher intellektueller Typ ist.

Wenn Sie diesen geistlichen Zugang zu Gott haben, dann brauchen Sie regelmäßig ausgedehnte Lobpreis- und Anbetungszeiten. Sie verwandeln Ihr Auto gern in eine rollende Bühne und singen bei Ihren Lieblingsliedern so laut mit, dass Ihnen die Lungen wehtun. Es ist Ihnen gleichgültig, ob die anderen Fahrer Sie verwundert anstarren – das ist eben Ihre Art, mit Gott in Kontakt zu treten. Übrigens bereiten Sie damit vermutlich vielen anderen Fahrern, die Ihnen dabei zuschauen, eine Freude, also machen Sie ruhig weiter.

Doch an dieser Stelle auch für Sie ein paar Warnungen: Achten Sie darauf, dass Sie andere Menschen nicht verurteilen, die ihren Gefühlen nicht so offen Ausdruck verleihen (können) wie Sie. Manche Personen kommen aus Gemeinden, in denen niemand beim Lobpreis auch nur einen Finger rührt, ganz zu schweigen vom Händeheben oder Tanzen. Es gibt eben auch Skandinavier auf der Welt!

Sie sollten sich darüber hinaus vor einer Spiritualität hüten, die allein auf Erfahrungen und auf Anbetungshighlights aufbaut. C. S. Lewis schrieb in einem seiner Bücher über die fatale Sünde, Gott dazu bringen zu wollen, dass er Erlebnisse oder Gefühle beliebig oft reproduziert. Lewis meint, dass Gott eine solche Bitte mit an Sicherheit grenzender Wahrscheinlichkeit nicht erhören wird, weil das dazu führen kann, dass man eine Erfahrung anbetet und nicht den Gott, auf den diese Erfahrung eigentlich hinweist.[4]

Musik zum Beispiel kann ein großes Geschenk für den Lobpreis sein. Doch weil Musik unsere Gefühle so stark anspricht, können wir davon abhängig werden, dass sie in uns eine bestimmte emotionale Stimmung erzeugt. Vielleicht müssen Sie dann einige Zeit damit verbringen, Gott ganz *ohne* musikalische Untermalung anzubeten, damit Ihr Lobpreis sich wieder darauf richtet, wer Gott ist, und nicht, ob Sie von den Sounds davongetragen werden.

Es besteht auch die Gefahr, dass man die Qualität des Lobpreises in einer Gemeinde daran misst, ob ein bestimmtes Gefühl entsteht, und zwar jedes Mal. Wenn Sie in diese Richtung tendieren, sollten Sie sich einmal eine Weile auf das Bibelstudium konzentrieren, damit Ihr Herz fest im *Wissen* darin verwurzelt ist, wer Gott ist und was er getan hat.

Der aktionsorientierte Zugang

Wenn dies Ihr geistlicher Zugang zu Gott ist, haben Sie jede Menge brennender Energie. Folgende Aussagen in der Bibel sprechen Sie wahrscheinlich besonders an: „Die Liebe zu deinem Haus wird mich noch umbringen" (Johannes 2,17) und: „Die Liebe zu deinem Haus – sie verzehrt mich wie ein Feuer" (Psalm 69,9) … Das kommt Ihnen sehr bekannt vor! Genau genommen sind Sie ein Feuer-Junkie!

Sie handeln leidenschaftlich gern. Wenn Sie eine Geschichte hören, in der es um eine Ungerechtigkeit geht, schütteln die anderen Zuhörer traurig den Kopf – Sie lechzen danach, aktiv zu werden: „Da muss man doch etwas tun! Ich bin dabei! Wer macht mit?"

Herausforderungen entmutigen Sie hingegen keineswegs, sondern verleihen Ihnen geradezu Flügel. Gegenwind belebt Sie. Wenn jemand sagt: „Das geht nicht!", lächeln Sie und sagen: „Das wollen wir doch mal sehen!"

Sie verfolgen einen schnellen, problembestückten, komplexen, anstrengenden Lebensstil. Am Ende eines Tages wollen Sie sagen können: „Ich habe wirklich etwas geleistet. Ich habe jedes Bisschen Kraft und Energie aufgewendet, das ich aufzubieten hatte. Hier, Herr – es war alles für dich!" Aktionsorientierte Menschen leben auf der Überholspur – heute bis zu dem Tag, an dem sie sterben und in den Himmel gehen (was vermutlich früher sein wird, als sie annehmen, weil ihr Herz nämlich schlapp macht). Darüber hinaus hoffen sie inständig, dass der Himmel nicht nur aus Wolken, Harfen und unendlichen Gesängen besteht, denn das wäre für sie eher die Hölle.

Ein biblisches Beispiel für einen aktionsorientierten Menschen ist Nehemia. Als dieser davon hört, dass sein geliebtes Jerusalem in Trümmern liegt, will er sofort zur Tat schreiten. Er spricht das Paradegebet eines aktionsorientierten Menschen: „Habt keine Angst! Erinnert euch daran, wie groß und mächtig der Herr ist! Kämpft für eure Brüder, für eure Söhne und Töchter, für eure Frauen und für euren Besitz" (Nehemia 4,8). Für Menschen mit einem aktionsorientierten Zugang zu Gott sind Beten und Handeln eins. Sie halten inmitten der Schlacht nach Gottes Gegenwart und Leitung Ausschau und verlassen sich ganz auf ihn.

Wenn Sie einen aktionsorientierten Zugang zu Gott haben, brauchen Sie nur einen winzig kleinen Grund, um aktiv zu werden. Er muss nicht edel oder offensichtlich sein, aber er muss Ihnen das Beste abverlangen. Wenn Sie nicht in Bewegung sind, stagniert auch Ihr geistliches Leben.

Bei Ihnen besteht jedoch die Gefahr, dass Sie so sehr auf Ihr Handeln fixiert sind, dass Sie die darin involvierten Menschen überrollen oder benutzen. Selbst Gott kann für Sie zu einem Mittel zum Zweck werden und nicht länger derjenige sein, dem Sie dienen.

Aktionsorientierte Menschen haben manchmal Schwierigkeiten damit, Gottes wahre Berufung von ihren eigenen starken Handlungsimpulsen zu unterscheiden. Vielleicht müssen Sie Ihr inneres Gleichgewicht wiederherstellen, indem Sie sich zurückziehen und einmal nichts tun, nur zuhören, damit Gott mit Ihnen über das sprechen kann, was Ihr Handeln wirklich motiviert.

Der kontemplative Zugang

Wenn Sie ein kontemplativer Typ sind, dann lieben Sie es, ungestört längere Zeit allein zu sein. Als Sie noch ein Kind waren, haben Ihre Eltern Ihnen wahrscheinlich oft gesagt, Sie sollen doch einmal zum Spielen nach draußen gehen und mehr mit den anderen Kindern unternehmen. Für Sie ist es ganz natürlich, in sich hineinzuhorchen und Ihren Gedanken nachzuhängen. Oft kommen Sie sich wie ein Beobachter des Lebens vor.

Sie fühlen sich Gott am nächsten, wenn Sie durch nichts abgelenkt oder gestört werden. Bilder und Vergleiche helfen Ihnen beim Beten. Wenn Sie zu viel zu tun haben oder lange Zeit mit Menschen zusammen sind, fühlen Sie sich nach einer Weile erschöpft und entnervt.

Typischerweise passiert etwa Folgendes: Ein kontemplativer Typ trifft auf einen kontaktfreudigen Beziehungsmenschen. Und natürlich heiraten die beiden – und treiben sich gegenseitig in den Wahnsinn! Der Kontemplative sagt: „Hast du eigentlich überhaupt keinen Tiefgang? Du willst immer nur oberflächliches Geplänkel!“ Und der Beziehungsmensch meint: „Hast du überhaupt kein Interesse an Menschen? Du willst wohl die ganze Zeit Nabelschau betreiben?“

Es gibt einen interessanten Unterschied zwischen aktionsorientierten und kontemplativen Menschen. Wenn der Aktionsorientierte sagt: „Ich rufe dich zurück!“, dann meint er damit: „Ich rufe dich an, sobald ich zu Hause bin – vielleicht aber auch ein bisschen früher, weil ich immer mein Handy dabei habe.“ Wenn der Kontemplative sagt: „Ich rufe dich an!“, dann bedeutet das: „Ich rufe dich zurück – bevor ich sterbe. Möglicherweise direkt davor!“

Der Apostel Johannes (der als der Jünger bekannt wurde, „den Jesus liebt“) ist wohl ein Mensch gewesen, der in der stillen Anbetung Gottes geschwelgt hat. Solche Menschen sind oft gefragte Berater, weil sie über viel Weisheit und Ausgewogenheit verfügen.

Wenn Sie ein kontemplativer Typ sind, brauchen Sie vielleicht die ausdrückliche Erlaubnis, diesem Pfad zu folgen. Unsere Gesellschaft neigt dazu, nur Netzwerkknüpfer und aktionsorientierte Menschen zu schätzen; kontemplative Typen landen nur selten auf den Titelseiten der Zeitschriften. Sie haben das, was Gordon MacDonald als ein „reiches Innenleben“ oder auch „intrapersonale Kommunikation" bezeichnet. Sie brauchen nicht viel Stimulation von außen. Wenn Sie Gottes Gegenwart spüren wollen, ist es für Sie stattdessen lebenswichtig und absolut notwendig, sich die Zeit zu nehmen und allein und in Ruhe auf Gottes leise Stimme zu hören. Sie brauchen eine regelmäßige, geschützte, intensive, ungestörte Zeit allein mit sich und Gott.

Bücher von anderen Vertretern des kontemplativen Zugangs zu lesen – wie zum Beispiel von Johannes vom Kreuz oder Henri Nouwen – hilft Ihnen. Auch Tagebuchschreiben erweist sich als sinnvolle Gedankenstütze. Beziehungstypen schreiben nur ganz selten Tagebuch, sondern sprechen ihre Gedanken in ein Diktiergerät! Und aktionsorientierte Typen führen schon gar kein Tagebuch – sie verkaufen höchstens ihre irgendwann mal erworbenen, aber nie benutzten Kladden für einen guten Zweck!

Wenn Sie ein kontemplativer Typ sind, sollten Sie jedoch unter Umständen an Ihrer Beziehungsfähigkeit arbeiten. Der Gedanke, sich in Ihre schöne Innenwelt zurückzuziehen, wenn Freunde, Kollegen oder die Gesellschaft allgemein Sie enttäuschen, wirkt verlockend für Sie. Doch wenn Sie gesunde, enge Freundschaften haben und sich außerdem noch in einen Dienst einbringen, wird Ihnen das helfen, die Verbindung zur Außenwelt lebendig zu halten.

Der schöpfungsorientierte Zugang

Es gibt Menschen, die auf eine besonders leidenschaftliche Art mit Gott Kontakt aufnehmen können, wenn sie sich in der Natur aufhalten, die er erschaffen hat. In der griechischen Mythologie gibt es einen Mann namens Aktaion, der noch nicht einmal von Herakles selbst niedergerungen werden konnte, denn jedes Mal, wenn sein Körper die Erde berührte, durchschoss ihn neue Kraft. Für Menschen, die über die Schöpfung einen Zugang zu Gott finden, liegt in der Natur etwas zutiefst Lebensspendendes, sozusagen der fühl- und sichtbare Atem Gottes selbst. Wenn Sie sich im Freien aufhalten, fühlen Sie sich energiegeladen und erfrischt. Wenn Sie zu lange in geschlossenen Räumen sein müssen, beginnt Ihre Seele zu verwelken.

Wir lesen in der Bibel, dass „die Himmel die Ehre Gottes" erzählen (Psalm 19,1) und dass Gottes Wesen aus aller Kreatur spricht. Menschen, die diesem Weg folgen, finden Gott nicht nur in spektakulären Naturereignissen wie den Niagara-Fällen oder einem majestätischen Berg, sondern sie spüren seine Gegenwart auch in einem herabsegelnden Herbstblatt, einer sanften Sommerbrise oder dem Gesang einer Amsel.

Draußen in der Natur zu sein öffnet ihren Geist für das Reden Gottes. Der Naturalist John Muir bezeichnete die Natur daher auch treffend als „das Manuskript Gottes“[5].

In der Bibel können wir an zahlreichen Beispielen nachlesen, dass Jesus diesem schöpfungsorientierten Weg ebenfalls folgte (und vermutlich auch alle anderen geistlichen Zugänge besaß!). Er zog sich immer wieder in die Berge oder ans Wasser zurück, um dort in der Natur mit seinem Vater zu sprechen. Er wollte draußen sein, inmitten der Schöpfung – was nicht verwunderlich ist, wo er sie doch mit erschaffen hat!

Damals war es vermutlich noch ein viel selbstverständlicherer Bestandteil des Lebens, sich mit der Natur zu befassen und sich im Freien aufzuhalten. Wie überall in warmen Ländern verbrachten sicher auch die Zeitgenossen Jesu den größten Teil des Tages draußen und nicht in ihren engen Hütten. In der heutigen Zeit verbringen wir unter Umständen ganze Tage in Gebäuden, ohne auch nur einmal den Himmel zu sehen. Doch wenn Sie über die Schöpfung Zugang zu Gott bekommen, dann sehnen Sie sich danach, sich oft und lange in der Natur aufzuhalten. Für Sie ist es besonders schön und hilfreich, irgendwo draußen zu meditieren oder zu beten.

Die Lehren Jesu und besonders auch die Psalmen enthalten zahlreiche Passagen, in denen es darum geht, wie viel wir von der Schöpfung über Gott lernen können. Es geht darin um Abläufe in der Natur, um Bäume und Gras, um Säen und Ernten, um Spatzen und Adler, den Leviathan und das Senfkorn, Berge der Zuflucht und Ströme lebendigen Wassers.

Je nachdem, wo Sie leben, kann es eine wirkliche Herausforderung sein, viel Zeit in der Natur zu verbringen. Vielleicht müssen Sie sich auch Teile der Schöpfung in Form von Blumen, Steinen oder anderen „Naturalien“ ins Haus holen, damit Sie während Ihrer Zeiten mit Gott etwas Greifbares haben, auf das Sie sich ausrichten können.

Menschen, die diesen schöpfungsorientierten Weg beschreiten, sollten sich jedoch in Acht nehmen, dass sie ihn nicht als Fluchtweg missbrauchen. Menschen sind auch ein Teil der Schöpfung – aber wenn Sie von Menschen enttäuscht sind, sind Sie versucht, im

Wald Zuflucht und Trost zu suchen. Heutzutage gibt es auch viele Menschen, die sagen: „Ich brauche keine Kirche, um Gott anzubeten; das kann ich auch allein in der Natur tun!“ Doch natürlich müssen wir lernen, Schönheit dort zu sehen, wo Gott sie sieht – und Menschen sind nun einmal der Teil der Schöpfung, den er am allermeisten schätzt und liebt!

Nutzen Sie die Zugänge, um Gott näher zu kommen

Wenn wir herausgefunden haben, welcher geistliche Zugang zu Gott uns am meisten entspricht, können wir dieses Wissen nutzen, um Gottes Gegenwart für uns erfahrbarer zu machen. Aber wie? Zu Beginn sollten wir zunächst einmal die einmalige Art annehmen, wie Gott uns erschaffen hat. Wir müssen erkennen, dass es zwar nur einige Zugänge, aber trotzdem unendlich viele Möglichkeiten gibt, wie man dadurch geistliches Wachstum erlangen kann. Dann sollten wir die zu uns passende Art und Weise nutzen und die angemessene Zeit aufwenden, um mit Gott in Verbindung zu treten.

Machen Sie sich mit Ihrem Zugangsweg zu Gott vertraut und beleuchten Sie bisher ungeahnte Möglichkeiten. Auch die geistlichen Übungen, die Sie anwenden, können Sie nutzen, um Gottes Gegenwart stärker in Ihr Leben einzubeziehen. Vermutlich müssen Sie dafür viel Zeit aufwenden und diverse Experimente, Fehlversuche und Wiederholungen hinnehmen. Macht nichts – freuen Sie sich doch darüber, denn es gehört zu dem wunderbaren Prozess, in dessen Verlauf Sie Gott näher kommen, und danach sehnt er sich ebenso sehr wie Sie!

Wenn Sie annehmen wollen, wie Gott Sie geschaffen hat, dann bedeutet dies auch, dass Sie der Versuchung widerstehen müssen, jemand anderen um seinen Zugang zu Gott zu beneiden. Wenn Sie beispielsweise ein kontemplativer Typ sind, dann beobachten Sie vielleicht mit einem gewissen Neid einen hochaktiven Menschen, den alle bewundern, und wünschen sich, etwas mehr wie er zu sein. Möglicherweise beginnen Sie, sich zu fragen, ob Ihr geistlicher Zugang zu Gott überhaupt das Wahre ist und ob Sie wohl immer ein „Christ zweiter Klasse“ sein werden, weil die aktionsorientierten Menschen nun einmal diejenigen sind, die man wahrnimmt.

Auf der anderen Seite besteht jedoch auch die Gefahr, dass man die geistlichen Zugänge anderer Menschen abfällig betrachtet. Ich kenne einen kontemplativ veranlagten Mann, der mit einer beziehungsorientierten Frau verheiratet ist. Sie verbringt natürlich nicht halb so viel Zeit im stillen Gebet und in der Zurückgezogenheit wie er. Da kann es leicht passieren, dass man herablassend wird und denkt: *Wieso kannst du bloß kein geregeltes Gebetsleben führen, so wie ich?* Nun ja – Jesus hat ja sehr deutlich gemacht, dass die Messlatte für all unser Tun und Sein die Liebe sein muss. Und auf diesem Gebiet schlägt sie ihn vielleicht um Längen. Es gibt keinen geistlichen Zugang, der besser wäre als ein anderer!

Wir sollten jedoch auch die geistlichen Zugänge in gewissem Maße entwickeln und ausbauen, die sich uns nicht so leicht erschließen. Es ist ganz wichtig, dass wir uns mit allen Arten der Kontaktaufnahme mit Gott auseinander setzen, damit wir ein ausgewogenes geistliches Leben führen. Niemand sollte seinen Intellekt vollkommen vernachlässigen oder sich weigern, Gott anzubeten. Und jeder von uns ist der Versuchung ausgesetzt, die für ihn unbequemen Wege zu meiden. Zum Beispiel könnten Sie versucht sein zu denken: *Kein Wunder, dass ich so ungern allein bin! Ich bin eben ein beziehungsorientierter Typ! Na also, dann brauche ich mich ja auch nicht zur Einsamkeit zu zwingen.*

Das ist keine gute Idee! Die Vertreter des beziehungsorientierten Zugangs laufen nämlich Gefahr, sich zu stark von anderen Menschen beeinflussen zu lassen. Aus diesem Grund sind Zeiten des Rückzugs für Sie besonders wichtig. Leicht wird Ihnen dies vermutlich nie fallen, aber es hilft Ihnen, kein geistliches Chamäleon zu werden!

Gott ist viel näher, als man denkt! Eine der großartigsten Aspekte dieser Wahrheit ist die Tatsache, dass Gott sich eine Beziehung zu Ihnen wünscht, die anders ist als die Beziehungen zu allen anderen Geschöpfen!

In der Offenbarung 19, Vers 12 berichtet Johannes davon, dass wir alle eines Tages von Gott einen Namen erhalten werden, der in Ewigkeit ein Geheimnis zwischen ihm und uns sein wird. C. S. Lewis schreibt dazu:

„[…] *was könnte der Sinn dieser Heimlichkeit sein? Doch wohl dies, dass jeder der Erlösten einen bestimmten Zug im Antlitz der göttlichen Schönheit besser zu erkennen und zu rühmen vermag als irgendein anderes Geschöpf. Warum sonst sollten Einzelwesen erschaffen sein als um deswillen, dass Gott – sie alle unendlich liebend – dennoch jedes Einzelne auf unterschiedliche Weise liebt?* […] *Würden sie alle Gott auf die gleiche Weise erfahren und Ihm eine vollkommen gleichartige Anbetung darbringen, dann wäre der Gesang der Triumphierenden Kirche keine Symphonie, es würde sein, wie wenn im Orchester alle Instrumente denselben Ton spielten.*“[6]

Meine Großmutter drückte es noch treffender aus, wie ich finde. Wenn jemand sie fragte, welches ihrer sechs Kinder sie am meisten liebte, entgegnete sie, dass die Liebe zu den eigenen Kindern nicht auf diese Weise funktionieren würde. Es sei vielmehr so, dass jedes Mal, wenn ein Kind geboren würde, ein weiterer kleiner Raum an das mütterliche Herz angebaut würde, den niemand anderer bewohne als eben dieses Kind. Er müsse nicht größer oder schöner sein als jeder andere Raum – es sei einfach *seiner.*

„Im Haus meines Vaters gibt es viele Wohnungen“, sagt Jesus (Johannes 14,2). Eine davon wurde angebaut, als Sie sein Kind wurden! Diese Wohnung gehört Ihnen und niemand anderer kann sie besetzen. Sie ist ein Geheimnis zwischen Gott und Ihnen – Ihre private Sixtinische Kapelle. Sie ist mit jedem Augenblick der Nähe, der Zweisamkeit und der Wunder eingerichtet, der jemals zwischen Ihnen und Gott stattgefunden hat.

Auf dieser heiligen Reise kann kein anderer genau den Weg gehen, den Sie gegangen sind. Im kosmischen Mega-Chor singt niemand genau Ihr Lied.

Kapitel 8

„Wie du wünschst!"

„Was der Himmel wünscht und die Hölle fürchtet,
das, was wirklich wichtig ist, ist dieser eine Schritt –
hinaus ins Tiefe, hinaus aus unserem eigenen Machtbereich."
C. S. Lewis[1]

Auf dem Bücherregal meiner Tochter Mallory steht ein Buch mit dem Titel „Die Brautprinzessin". Es ist das Buch zu einem süßen Film namens „Die Braut des Prinzen"[2], den wir als Familie inzwischen häufiger gesehen haben, als ich zählen kann. Verfasst hat das Buch William Goldman, der allerdings behauptet, nur das Manuskript eines gewissen S. Morgenstern aus Florin übersetzt zu haben, das wochenlang die florinesischen Bestsellerlisten anführte. Ich habe sehr lange gebraucht, um meine Tochter davon zu überzeugen, dass es weder diesen S. Morgenstern noch die florinesische Sprache, ja traurigerweise nicht einmal ein Land mit dem Namen Florin gibt.

Gary Moon, ein Freund von mir, berichtete mir, dass seine Familie den Film nun schon so oft gesehen habe, dass sie sämtliche Dialoge auswendig könnte. Wenn er beim Tennis verliert, lächelt er milde und murmelt eine Zeile aus dem Film: „Weil ich etwas weiß, was Ihr nicht wisst: Ich bin kein Linkshänder!"

Gary ist nicht der Einzige, dem es so geht. Als unsere Kinder noch klein waren, haben sie sich bei längeren Autofahrten stundenlang die Zeit damit vertrieben, ihre Lieblingsdialoge aus dem Film nachzuspielen.

Einmal besuchte ich ein Weihnachtskonzert des Sängers Fernando Ortega. Als er die Bühne betrat, erwartete das Publikum eine der üblichen Begrüßungen, die zur Weihnachtszeit passen. Doch stattdessen waren seine ersten Worte ein abgeänderter Satz aus dem Film „Die Braut des Prinzen": „Mein Name ist Fernando Ortega [im Film „Inigo Montoya"]. Du hast meinen Vater getötet. Mach dich darauf gefasst zu sterben!"

Und mir selbst hat man größere Geldsummen angeboten (na

gut, in Wirklichkeit waren es nur fünf Dollar), damit ich eine Hochzeitszeremonie als der beeindruckende Erzdechant von Florin verkleidet einleite, der in dem Film auf den Stufen vor einer prachtvollen Kathedrale steht, eingehüllt in eine herrliche Robe, und nach dem ohrenbetäubenden Orgelspiel anhebt zu sprechen – mit einer Stimme, die exakt so klingt wie die der Zeichentrickfigur Elmer Fudd: „Die … Liiewe … ist ein … Tchaaum … in einem Tchaaum. Der Tchaaum … der Liiiewe … eingehüllt … in den … chöööißeren … Tchaaum … eeewicher … Chuuuhe. Die Eeewichkeit … ist unser … Froiind … bedenket das, und die … Liiiewe … geleite Euch … auf eeewich."

Manche der Dialoge aus dem Film sind wirklich von existenzieller Bedeutung. In einer Szene duelliert sich ein hervorragender Fechter mit einem geheimnisvollen Mann in Schwarz. Der Fechter wird immer neugieriger darauf, wer sein brillanter Gegner denn nun ist:

„Wer seid Ihr?"
„Niemand von Bedeutung."
„Ich muss es wissen!"
„Tut mir Leid, dass ich Euch enttäuschen muss."
„Mmh, na gut."

Das erinnert mich an das Buch Prediger: „Alles ist eitel und Haschen nach Wind" (Prediger 1,2). Gewöhnen Sie sich schon mal an den Gedanken, enttäuscht zu werden …

„Wie du wünschst!"

Ein kleiner Satz bildet das Herz des Buches „Die Brautprinzessin" – und letztlich ist er auch das Herz Ihrer eigenen Geschichte. Er wird gesprochen, als das Buch beginnt und auch an seinem Ende. Es ist fast eine Art Gebet. Tatsächlich ist es das wichtigste Gebet, das auch Jesus selbst gesprochen hat. Wenn wir in der Lage wären, dieses Gebet wahrheitsgemäß und ständig zu beten, wäre es genau genommen das einzige, das wir überhaupt jemals beten müssten. Gary Moon erklärt es folgendermaßen:

„Zu Beginn der Geschichte sehen wir die Heldin, die ihren Aufgaben auf dem Bauernhof nachgeht. Ihr Name ist Butterblume (ja, ja, ich weiß, aber

ich mag die Geschichte trotzdem!). Bald taucht auch ein junger Mann auf, der ebenfalls auf diesem Bauernhof arbeitet und allgemein nur ‚Stalljunge' und ‚Stallbursche' genannt wird.

Wann immer Butterblume den Jungen darum bittet, etwas für sie zu tun, antwortet er stets: ‚Wie du wünschst!' Das ist das Einzige, was er jemals zu ihr sagt.

Während sie heranwachsen, scheint Butterblume sich ein wenig in den Stalljungen zu verlieben. Eines Tages, als er gerade den Raum verlassen will, bittet Butterblume ihn darum, ihr die Wasserkaraffe zu reichen, an die sie problemlos selbst herankommen würde. Das Stalljunge geht hin, schaut ihr tief in die Augen, reicht ihr die Karaffe und flüstert: ‚Wie du wünschst!'

In diesem Augenblick, als sie seinen Blick erwidert, begreift Butterblume, dass er jedes Mal, wenn er ‚Wie du wünschst' sagte, eigentlich ‚Ich liebe dich' meinte."[3]

Viele Jahrhunderte lang haben die Weisesten unter den Nachfolgern Jesu darauf gepocht, dass dies der eine Satz ist, der das Herz für die Gegenwart Gottes öffnet. Es gibt keinen größeren Ausdruck der Liebe, als wenn man jemandem aus freien Stücken seinen Willen unterordnet: „Wie du wünschst!"

Jean Pierre de Caussade schreibt: „In jedem Augenblick und im Hinblick auf alles müssen wir wie Paulus sagen: ‚Herr, was soll ich tun?' Lass mich alles tun, was du wünschst."[4]

Jesus selbst sagte: „So wie der Vater mich liebt, habe ich euch meine Liebe erwiesen. Bleibt in dieser Liebe!" (Johannes 15,9–10).

Bruder Lorenz schreibt: „Lasst uns oft daran denken, mein lieber Freund, dass es unsere eine große Aufgabe im Leben ist, Gott Freude zu machen."[5]

„Im Herzen der Gemeinschaft mit Gott", so Gary Moon, „ist das Flüstern: ‚Wie du wünschst!'"[6]

Es gibt Augenblicke, in denen ich daran denke, dieses Gebet zu sprechen. Meist sind sie nicht sehr dramatisch. Das Finanzamt teilt mir mit, dass ich Geld zurückbekomme, und ich habe den Eindruck, dass ich großzügig damit umgehen sollte. Ich sitze in einem Meeting im Büro, und plötzlich kommt mir der Gedanke, dass ich einmal für ein paar Minuten den Mund halten und auf die Ideen anderer Leute hören sollte. Oder ich befinde mich auf einem fremden Flughafen und fühle mich allein. Ein Impuls macht mir deutlich, dass ich meine Bibel aufschlagen und Gott bitten solle, mir darin zu begegnen. Und er tut es.

Es gibt aber mehr als genügend Gelegenheiten, bei denen es mir überhaupt nicht in den Sinn kommt, „Wie du wünschst!" zu denken. Ich bin dann nicht unbedingt trotzig, sondern mir nur einer Sache nicht bewusst. Es gibt auch Zeiten, in denen ich einfach nicht weiß, was Gott will, und in denen ich deswegen *irgendetwas* mache. Und dann gibt es Gelegenheiten, bei denen ich schlichtweg nicht „Wie du wünschst" sagen *will* und mich bewusst dagegen entscheide.

C. S. Lewis schrieb, dass der Tag kommen wird, an dem jede Kreatur eine der beiden möglichen Haltungen vor Gott einnehmen wird: freudige Unterwerfung oder ablehnende Entfernung. Eines Tages wird jedes Wesen sich zwischen „*Dein* Wille geschehe" oder „*Mein* Wille geschehe" entscheiden müssen.[7] Und die Wahrheit ist nun einmal, dass unsere Herzen immer in die eine oder die andere Richtung tendieren. In jeder Sekunde unseres Lebens treffen wir Entscheidungen: „Was werde ich als Nächstes tun? Wie werde ich mit dieser Person umgehen? Was mache ich mit diesem Geld? Wohin wird mich diese Versuchung führen?"

Ein Herz, das gelernt hat zu sagen: „Wie du wünschst!", öffnet sich auch in Sekundenbruchteilen für den Herrn des Universums. Es spielt keine Rolle, ob die Aufgabe groß oder klein ist, ob sie in der Öffentlichkeit oder im Verborgenen erledigt wird.

Anne Lamott hat in einem ihrer Bücher einen wunderbaren Gedanken festgehalten: „Der Golfstrom kann durch einen Strohhalm fließen, wenn der Strohhalm sich mit dem Golfstrom eins macht."[8]

Leiter und Isolatoren

Vielleicht kann uns eine Analogie aus dem Bereich der Elektrizität helfen, über unsere Haltung zu Gott nachzudenken. Der Unterschied zwischen einem Leiter und einem Widerstand ist einfach folgender: Ein Leiter ist durchlässig. Am Rande seiner Atome befinden sich Elektronen, die ganz leicht von einem Atom zum nächsten fließen können. Ein Leiter hat sozusagen eine großzügige Haltung, wenn es um seine Elektronen geht.

Ignatius von Loyola sagte, wir sollten ein Gefühl der Indifferenz entwickeln. Damit meinte er nicht, dass wir allen äußeren Umständen mit Gleichgültigkeit begegnen sollten. Es geht vielmehr darum, dass wir uns nichts mehr wünschen sollten, als Gottes Willen in unserem Leben umzusetzen, und dass alle anderen Wünsche sich diesem einen unterordnen müssen.

Ein Widerstand dagegen ist nicht durchlässig. Er klammert sich an seine kleinen Elektronen und will um jeden Preis den Ist-Zustand erhalten. Er hat Angst, loszulassen, weil er alles beim Alten lassen will. Und das geschieht auch – aber der Widerstand hat so nie besonders viel positiven Einfluss.

Das Geheimnis eines Leiters ist, dass er keine eigene Energie hervorbringt. Er ist weder stark noch besonders schlau; er macht einfach seinen Job: leiten. Er ist offen für die Strömungen, die durch ihn hindurchfließen und die Welt von der Dunkelheit zum Licht bringen können.

Das Gebet des Widerstands könnte lauten: „Lass mich in Ruhe!"

Das Gebet des Leiters könnte lauten: „Wie du wünschst!"

Und jedes Gebet wird beantwortet.

Wir leben in einem geistlich aufgeladenen Universum. Der Heilige Geist fließt überall um uns her. Wir haben ihn nicht erfunden, aber er ist voll und ganz für uns verfügbar. Jesus hat einmal gesagt: „Wer durstig ist, soll zu mir kommen und trinken – jeder, der mir vertraut! Denn in den Heiligen Schriften heißt es: ‚Aus seinem Innern wird lebendiges Wasser strömen'" (Johannes 7,38). Johannes erklärt uns in seinem Evangelium, dass Jesus hier vom Heiligen Geist gesprochen hat.

Wir haben nicht sehr viel Macht, aber wir können entscheiden, ob wir Leiter oder Widerstände sein wollen. Und unser Gebet wird auf jeden Fall beantwortet.

Es ist auffällig, wie oft in der Bibel Leiter und Widerstände in einem Atemzug genannt werden. Oft sind die Menschen mit der größten äußeren Macht diejenigen, die am meisten Widerstand leisten, während diejenigen, die weniger bedeutsam wirken, sich als die besten Leiter erweisen.

Der Pharao war eindeutig ein Widerstand; Gottes Macht hätte durch ihn hindurchfließen können, doch er sagte Nein (Exodus 3; 5). Mose war ein Leiter; er hatte viele Fehler und Unzulänglichkeiten, doch vom brennenden Dornbusch bis zu seinem letzten Atemzug auf dem Berg Pisga, von dem aus er auf das verheißene Land blickte, lernte er zu sagen: „Wie du wünschst!"

König Saul war ein beeindruckender Mann, der aus der Masse herausstach. Doch er verschloss sein Herz vor dem Strom des Geistes (1. Samuel 10,23; 13).

David war nur allzu menschlich und geradezu peinlich fehlbar, doch der Geist Gottes konnte die meiste Zeit vollkommen ungehindert durch ihn hindurchfließen (2. Samuel 5–6; 11–12).

Haman hatte aus menschlicher Sicht viel Macht, doch sein hartes Herz unterbrach den Stromkreislauf (Esther 3–6).

Esther – eine Frau, die eigentlich nur als schmückendes Beiwerk für den König dienen sollte – erwies sich als wahrer Blitzableiter (Esther 3; 5)!

Herodes wurde „der Große" genannt, doch er klammerte sich an seinen Thron und widerstand dem Messias (Matthäus 2).

Johannes der Täufer war ein Sonderling und ein Rufer in der Wüste, doch seine Selbstlosigkeit („Ich muss abnehmen ...", Johannes 3,30) setzte eine Macht frei, der selbst seine Enthauptung nicht mehr Halt bieten konnte.

Der ultimative Leiter war natürlich Jesus selbst. Frank Laubach merkt in seinem Buch an, dass Jesus allein im Johannes-Evangelium 47-mal die Aussage macht, er stehe „unter Gottes Gesetz" und sage und tue alles, was der Vater ihm auftrage. „Er hörte in jedem Augenblick des Tages auf seinen unsichtbaren Begleiter und sagte Ja."[9]

Viele Menschen glauben, dass der Fluss des Heiligen Geistes nur für geistliche Riesen wie Mutter Teresa oder Billy Graham reserviert ist. Doch im Laufe der Menschheitsgeschichte hat Gott seine Macht immer wieder durch scheinbar „ungeeignete" Menschen fließen lassen: eine Prostituierte namens Rahab, einen Betrüger namens Jakob, einen Geldhai namens Zachäus.

Und das war auch das Wunder, das die ersten Christen erlebten. Als sie sich zum Gebet versammelten, wurden sie vom Heiligen Geist erfüllt, und sie redeten in fremden Sprachen. Petrus erklärte den verwirrten Umstehenden, was geschehen war: „Wenn die letzte Zeit anbricht, sagt Gott, dann gieße ich über alle Menschen meinen Geist aus. Männer und Frauen in Israel werden dann zu Propheten. Junge Leute haben Visionen und die Alten prophetische Träume" (Apostelgeschichte 2,17). Denn das Gewöhnliche wird zu etwas Außergewöhnlichem, wenn die Macht Gottes es erfüllt.

Wenn Sie sich also das nächste Mal unzulänglich fühlen oder der Ansicht sind, das Sie von Gott nicht viele Gaben bekommen haben, denken Sie daran: „Der Golfstrom kann durch einen Strohhalm fließen, wenn der Strohhalm sich mit dem Golfstrom eins macht.“

Es ist Gottes Aufgabe, den Strom des Geistes in unser Leben zu senden. Wenn wir Gedanken haben, die uns der Frucht des Geistes näher bringen – die uns dazu bewegen, liebevoller zu einem Menschen zu sein, innere Freude zu feiern, Frieden zu empfinden und vieles mehr –, sind dies Wellen des Heiligen Geistes. Meine Aufgabe ist es, mich dabei als Leiter zur Verfügung zu stellen, durch den dieser Strom fließen kann. Eben: „Wie du wünschst!"

Die Kunst des Gehorsams

Vor nicht allzu langer Zeit war ich beruflich im Ausland unterwegs. Als ich mich in meinem Hotelzimmer eingerichtet hatte, bemerkte ich, dass das Hotel neben einer ganzen Reihe von normalen Fernsehkanälen auch einen Gratis-Kanal mit Filmen anbot, die „ab 18 Jahren“ waren. Es ist nicht unüblich, dass man in Hotels „Erwachsenenfilme“ anschauen kann, die dann separat abgerechnet werden, sodass sie nicht auf der Rechnung auftauchen, aber umsonst bekommt man so etwas normalerweise nicht zu sehen. Irgendwie war die Tatsache, dass man diese Filme ansehen konnte, ohne etwas dafür bezahlen zu müssen und ohne dass es irgendjemand erfuhr, für mich ziemlich beunruhigend. Mir kam der Gedanke, dass ich mit einem der Männer, die mitreisten, darüber reden und ihn bitten sollte, mich am nächsten Tag auf meinen Umgang mit dieser Sache anzusprechen.

Sofort sträubte sich alles in mir: *Ach, das wird doch wohl nicht nötig sein. Wie peinlich das für mich wäre! Ich kenne die anderen doch gar nicht so gut … die sollen nicht denken, ich sei ein impulsgesteuerter Blödmann!*

Ich kämpfte den ganzen Nachmittag über und auch noch zu dem Zeitpunkt gegen diesen Gedanken an, als ich den betreffenden Mann beim Abendessen sah. Doch ich konnte den Gedanken einfach nicht abschütteln, und so raffte ich mich dann beim Nachtisch dazu auf, ihm das Ganze zu erzählen und ihn zu bitten, für mich zu beten. Glauben Sie mir: Dabei kam ich mir wirklich reichlich blöd vor!

Am nächsten Morgen traf ich ihn beim Frühstück und er bat mich um ein vertrauliches Gespräch. Dann fragte er mich, wie es mir ergangen sei, und ich sagte wahrheitsgemäß, dass ich keine Probleme gehabt hätte. Danach erzählte er mir von einem problematischen Bereich in seinem Leben, den er niemals angesprochen hätte, wenn ich ihm nicht zuvor meinen wunden Punkt offenbart hätte (auch wenn ich das nur sehr widerstrebend getan hatte!). Gott hatte diesen Mann in meinem Leben und mich in seinem auf eine Art und Weise gebraucht, die keiner von uns hätte vorhersehen können. Der Wind weht eben, wo er will.

Diese Lektion ist eines der großen Geheimnisse der bekannten 12-Schritte-Programme (zum Beispiel der Anonymen Alkoholiker). Wenn ich eine Versuchung durch reine Willenskraft besiegen will, bin ich zum Scheitern verurteilt, denn ich bin auf meine eigene kleine Kraft begrenzt. Ich verhalte mich wie ein Widerstand. Doch wenn ich meine Machtlosigkeit eingestehe und meinen Willen Gott überlasse, mache ich mich eins mit dem Golfstrom.

„Wie du wünschst."

Die Kunst der Dienstbereitschaft

Im vergangenen Monat saß ich in meinem Büro und schrieb an einer Predigt über das Dienen. Es war Ferienzeit und meine Tochter Mallory rief mich an. Sie war gerade dabei, zum Abendessen ein exotisches Gericht mit Ente zu kochen, das ich sehr gern mag.

„Papa, könntest du auf dem Nachhauseweg noch ein paar Sachen besorgen, die ich nicht bekommen konnte?"

Meine spontane Reaktion war: „Nein, kann ich nicht. Ich muss unbedingt diese Predigt fertig bekommen, in der es um die Bedeutung des Dienens geht. Ich muss die Menschen davon überzeugen, dass es wichtig ist, ihre Terminkalender zur Seite zu legen und anderen zu dienen … Ich habe keine Zeit, für dich einkaufen zu gehen! Warum kannst du das Zeug denn nicht selbst holen?"

„Weil ich für das Rezept Cognac brauche und man den erst ab 21 kaufen darf", sagte meine 17-jährige Tochter.

Oh.

Ich bin also in den kleinen Gourmetladen gegangen, der gegenüber unserer Gemeinde liegt. Ich war in Eile und fühlte mich ein bisschen unwohl, weil die Leute mich hier immer noch für einen seltsamen Kauz halten, obwohl ich in einer ganz normalen Gemeinde arbeite. Schließlich fand ich jemanden, der mir weiterhelfen konnte.

„Hallo, ich brauche unbedingt Cognac!“, überfiel ich den Mann gehetzt. „Er ist nicht für mich, sondern für meine 17-jährige Tochter!“

Und er sagte: „Wie Sie wünschen!“

Die Kunst, aufmerksam zu sein

Es gibt eine Passage in einem Roman von George MacDonald, die eine geistliche Wahrheit beleuchtet, die schwer in Worte zu fassen ist. Eine der handelnden Figuren des Buches ist ein junger Mann, der bald sterben wird. Er befindet sich auf der Suche nach Gott und spricht mit seinem geistlichen Mentor. An einem Punkt entsteht zwischen den beiden eine lange Stille. Der junge Mann pflückt eine blassrote Blume und ist plötzlich über ihre Schönheit zu Tränen gerührt. Es ist ihm etwas peinlich, dass er wegen eines Blümchens einen solchen Gefühlsausbruch hat.

Sein Freund sagt ihm, dass er darüber nicht überrascht sein solle. Dieses Erlebnis zeige nur, dass „überall um uns her, auf der Erde und in der Luft, wo auch immer das Auge oder Ohr hinreicht, eine Macht ständig Lebenszeichen von sich gibt, sei es in einer Blume, im Wind, in einer Wolke, in einem Sonnenuntergang …“ Und dann schreibt MacDonald diesen einen weisen Satz: „… dass derselbe Gott, der in uns ist, auch um uns ist – innen der Geist, außen das Wort. Und die beiden versuchen unablässig, sich in uns zu begegnen.“[10]

Derselbe Gott, der in uns ist, ist auch überall um uns herum. Er ist in Bibellesungen und Gottesdiensten, aber er ist nicht auf diese Gelegenheiten beschränkt. Wenn wir etwas so Schönes sehen, dass es uns überwältigt; wenn wir einen Akt des Mitgefühls erleben, der uns vor Rührung einen Kloß in den Hals treibt; wenn wir eine Sehnsucht verspüren, die so tief und brennend ist, dass alles andere in den Hintergrund tritt; wenn uns ein Satz oder ein Musikstück so überrascht, dass uns die

Luft wegbleibt – dann handelt es sich vielleicht um mehr als nur eine Sinneserfahrung. Dann ist es Gott *in* uns, der in jeder Zelle unseres Körpers ist und uns einlädt, seine Anwesenheit überall um uns her wahrzunehmen.

„Ich weiß nicht mehr aus noch ein! Darum gehen meine Gedanken zu ihm. […] Rings um mich tost es und braust es: Flut auf Flut, von ihm geschickt, Welle auf Welle rollt über mich hin", schreibt der Psalmist (Psalm 42,7). Wenn wir vor einem Wasserfall stehen, der donnernd in die Tiefe stürzt, können wir tief in unserer Brust die Vibration der Energie spüren, die von ihm ausgeht. Das ist ein schönes Bild für etwas, das in der ganzen Schöpfung ständig passiert: *Die Tiefen der Gegenwart Gottes um uns herum rufen den Tiefen unserer Seele zu – wo Gott ebenfalls gegenwärtig ist. Und die beiden versuchen unablässig, sich in uns zu begegnen.*

Unsere Aufgabe ist es, aufmerksam zu sein und zuzuhören, um in der Strömung von Gottes Gegenwart zu bleiben. Die Blindheit zu vermeiden, die mit einer zu starken Konzentration auf uns selbst einhergeht. Dem Gott, der in uns wohnt, zu gestatten, dass er uns auf seine Gegenwart überall um uns hinweist, und uns daran zu freuen. Ihn zu bitten, dass er uns davon abhält, als Schlafwandler durch diese Welt zu gehen, und uns hilft, ein Leben zu führen, bei dem nicht alles verschwimmt, weil wir hektisch durch unseren Alltag eilen.

Die Malerin Georgia O'Keeffe drückte dies folgendermaßen aus: „Niemand sieht wirklich eine Blume. Sie ist so klein, dass es viel Zeit erfordert, sie zu sehen – wir haben keine Zeit – aber hinsehen kostet Zeit, so wie es auch Zeit kostet, Freunde zu haben."[11]

Derselbe Gott, der in uns ist, ist auch überall um uns herum. Wir müssen ihn nicht einmal suchen. Wir müssen nur die Augen aufmachen. „Wir sind hier, um die Schöpfung zu sehen und zu bezeugen und um jedes Ding zu bemerken, sodass alles bemerkt wird … sodass die Schöpfung ihre Symphonie nicht vor einem leeren Haus spielen muss", schreibt Anne Dillard.[12]

Manchmal halte ich mitten am Tag inne und bete mit den Handflächen zum Himmel gerichtet, um Gott zu zeigen, dass ich für seine Gegenwart und Leitung in diesem Augenblick offen bin.

„Wie du wünschst."

Was Unterordnung *nicht* ist

Bevor wir uns eine letzte Form des Gehorsams und der Unterordnung unter Gottes Willen ansehen, möchte ich ein potenzielles Missverständnis aus dem Weg räumen, das viele Menschen nachhaltig entmutigt hat: Wenn Gott uns dazu auffordert, unseren Willen dem Seinen zu unterstellen, bedeutet dies nicht, dass wir all unsere Wünsche und Sehnsüchte abtöten müssen!

Gott hat die Sehnsucht erschaffen. Seinem Plan zufolge sind Sehnsüchte und Wünsche Indikatoren für den Lebenszweck einer Kreatur. Gott hat Vögeln die Sehnsucht zu fliegen gegeben, Fischen den Wunsch zu schwimmen und Bibern das Bedürfnis, Dämme zu bauen. Viel zu oft wird uns etwas als „Unterordnung unter Gottes Willen" präsentiert, das im Grunde eher nach einer völligen Abwesenheit jeglichen Lebens aussieht statt nach dem Leben in Fülle, das uns Gott versprochen hat!

John Steinbeck beschreibt in seinem berühmten Roman „Jenseits von Eden" einen solchen Menschen:

„George war ein hübscher, großer Junge von sanftem, weichem Charakter [...]. *Schon als Kind war er immer artig und höflich und machte, wie man sich ausdrückte, ‚keine Schwierigkeiten'.* [...] *Ein fehlerloser Knabe, der zu einem fehlerlosen Mann aufwuchs. Keine Sünde konnte man ihm je zur Last legen, es sei denn einmal eine versehentliche Unterlassungssünde. In seinen mittleren Jahren* [...] *wurde festgestellt, dass er an perniziöser Anämie litt. Mag sein, dass seine Tugendhaftigkeit auf einem Mangel an Kraft beruhte."*[13]

Am Ende des Buchs Prediger gibt es eine Passage, in der es um die Nützlichkeit unserer Sehnsüchte geht. Der Verfasser rät uns, jetzt, in den Tagen unserer Kraft und Jugend, Gott lieben zu lernen, bevor die „schlechten Tage" kommen, die er dann mit einer Reihe von anschaulichen Metaphern beschreibt:

„Dann werden deine Arme, die dich beschützt haben, zittern und deine Beine, die dich getragen haben, werden schwach. Die Zähne fallen dir

aus, einer nach dem anderen; deine Augen werden trüb und deine Ohren taub. Deine Stimme wird dünn und zittrig. Das Steigen fällt dir schwer und bei jedem Schritt bist du in Gefahr, zu stürzen. Draußen blüht der Mandelbaum, die Heuschrecke frisst sich voll und die Kaperfrucht bricht auf; aber dich trägt man zu deiner letzten Wohnung. Auf der Straße stimmen sie die Totenklage für dich an" (Prediger 12,3–5).

Der Verfasser sagt hier keineswegs, dass wir uns auf den Verlust aller Begierden freuen sollen. Diese Passage beschreibt keine fortgeschrittene geistliche Reife, sie porträtiert Verfall – das, was geschieht, wenn Menschen alt werden und ihr Körper anfängt, seinen Dienst zu versagen.

Eine Zeit lang trieb die Auffassung, dass Gottes Wille immer genau das Gegenteil der eigenen Wünsche beinhalten müsse, unter den Quäkern wilde Blüten. Es gab sogar Fälle, in denen brave Quäkerchristen splitternackt durch die Straßen liefen, weil dies ihren eigenen Wünschen genau zuwiderlief und deshalb dem Willen Gottes entsprechen musste![14]

Die Fähigkeit, Sehnsüchte zu empfinden, ist ein Geschenk Gottes. Laut seinem ursprünglichen Plan mit uns Menschen sollten unsere Wünsche und Sehnsüchte stark und leidenschaftlich sein – und vollkommen mit seinem Willen für uns in Einklang stehen. Doch weil unsere Begierden von der Sünde entstellt wurden, sind sie keine verlässlichen Führer mehr. Wir müssen daher immer bereit sein, weniger wertvolle Wünsche zugunsten von größeren zurückzustellen.

Unsere Gesellschaft lehrt uns, dass es der normale Lauf der Dinge sei, dass unsere Begierden befriedigt werden. Es gibt unzählige Menschen, die eine Lebenseinstellung vertreten, die mich an die des Krümelmonsters aus der „Sesamstraße" erinnert. Das Krümelmonster hat eine ganz einfache Philosophie: Es sieht Kekse, es will Kekse, es isst Kekse. Appetit existiert nur, um gestillt zu werden.

Entsprechend besagt eine verzerrte Spiritualität, dass wir all unsere Wünsche und Sehnsüchte abtöten müssen, um wahres Leben zu erlangen. Die Religion, die am stärksten mit dem Versagen aller Begierde in Verbindung gebracht wird, ist der Buddhismus (obwohl Buddha ja witzigerweise in allen Abbildungen und Statuen eher wie jemand aussieht, der eine starke Vorliebe für Kekse hat!).

Jesus hingegen sagt, dass wahres Leben eine *Veränderung* unserer Wünsche erfordert. Wer durstig ist – also unbefriedigte Wünsche hat –, soll zu ihm kommen. Sehnsüchte selbst stellen im Grunde eine Einladung dar, Gottes Gegenwart zu suchen! Wie C. S. Lewis so treffend schreibt:

„Wenn wir die geradezu schamlosen Verheißungen auf Belohnung und die fantastischen Belohnungen, die in den Evangelien verheißen werden, betrachten, scheint es, als müssten unsere Wünsche dem Herrn eher zu schwach als zu groß vorkommen."[15]

Schließen Sie sich auch in Ihrem Versagen an den Strom an

Manchmal *vergessen* wir, uns Gott auszuliefern; manchmal *wollen* wir es nicht. In beiden Fällen kann uns ein Gefühl von Schuld und Unzulänglichkeit von dem Strom Gottes abschneiden. Wenn wir es versäumt haben, uns Gott zu unterstellen, müssen wir lernen, ihm auch unser Versagen hinzugeben.

Das Wichtigste am Versagen ist Folgendes: Selbst wenn Sie – bewusst oder unbewusst – einen Fehler begangen haben, kann der Fluss des Heiligen Geistes in Ihrem Leben wiederhergestellt werden – jederzeit und in jeder Situation. Sie müssen lediglich darum bitten.

Seit meine Familie nach Nordkalifornien gezogen ist, haben wir uns zu leidenschaftlichen Surfern entwickelt. Na gut, eigentlich ist mein Sohn der leidenschaftliche Surfer und ich spiele mehr die Rolle des „Ermöglichers". Ich bin nicht besonders sportlich und falle ständig vom Brett. Außerdem halte ich die ganze Zeit angespannt nach Haien Ausschau, was für die Konzentration nicht gerade förderlich ist.

Doch die gute Nachricht in Sachen „Surfen" ist die: Wenn man eine gute Welle verpasst, wenn man vom Brett fällt oder wenn man es vermasselt – dann kommt bestimmt gleich die nächste Welle direkt hinter der vorigen. Gott schickt einfach

eine nach der anderen in Ihre Richtung. Die Wellen gehen ihm nie aus. Er hat einen unerschöpflichen Vorrat davon. Er ist die reinste Wellenmaschine.
Und das biblische Wort dafür ist „Gnade".

Im „normalen" Alltagsleben funktioniert das Ganze etwa folgendermaßen:

Eines Tages fuhr ich an eine Tankstelle. Ich war auf dem Weg zur Arbeit und hatte es eilig. Als das Auto an der Zapfsäule vor mir wegfuhr, war nicht ganz klar, wer denn nun an der Reihe war – ich oder der Fahrer neben mir.

Aber er nahm mir die Entscheidung ab: Er schnitt mich einfach und fuhr an die Zapfsäule.

In mir kochte ein Zorn hoch, der mich selbst erschreckte. Der andere Fahrer sah mich an; ich sah ihn an. Dann begann er äußerst feindselig in meine Richtung zu gestikulieren. Ich gestikulierte zurück – natürlich wesentlich milder, weil ich ja schließlich Pastor bin. Dabei dachte ich: *Aus dem Weg! Weißt du etwa nicht, dass ich ins Büro muss, um an meinem Buch weiterzuschreiben, in dem es darum geht, wie man den Geist Gottes in jedem Augenblick wahrnimmt und seiner Führung folgt?* (Beginnen Sie, hier ein Schema zu erkennen? Mhm, ich bin etwas schwer von Begriff.)

Als ich selbst an der Reihe gewesen war und nach dem Tanken wieder auf die Straße fuhr und nachdachte, wurde mir klar, dass ich auf Grund dieses kleinen zwischenmenschlichen Austauschs jedes Gefühl für die Gegenwart des Heiligen Geistes oder gar seine Führung aus meinem Leben verbannt hatte. Eine Weile lang hatte ich mich selbst aus dem Strom des Lebens zurückgezogen und mich als Widerstand betätigt. Ich hatte den Kreislauf unterbrochen.

Doch das Versagen hatte auch in dieser Situation nicht das letzte Wort.

Denn dann sagte ich, wie schon tausendmal zuvor: „Herr, es tut mir Leid. Ich will so nicht leben. Ich möchte nicht so ein Mensch sein. Vergib mir. Hilf mir, es beim nächsten Mal besser zu machen."

Und Jesus sagte wieder einmal die Worte zu mir, die seine Spezialität sind, dieselben Worte, die er selbst aus dem Garten Getsemane seinem Vater zugerufen hat, dieselben Worte, die nicht einmal der Tod selbst aufhalten kann. Es sind dieselben Worte, an denen Butterblume im Roman schließlich die wahre Liebe erkennt, die Worte, die einen Strohhalm eins machen können mit dem Golfstrom:

„Wie du wünschst.“

Kapitel 9

Wenn Gott abwesend scheint

„Diese ewige Quelle ist tief verborgen.
Nur zu gut weiß ich, wo sie ihren Ursprung hat,
obwohl es Nacht ist."
Johannes vom Kreuz[1]

Meine gute Freundin Nancy Beach hat einmal eine Predigtreihe über das spirituelle Leben gehalten, in der sie unsere wechselnden Erfahrungen mit Gottes Gegenwart mit den Jahreszeiten verglichen hat. Sie beschrieb sehr eloquent die Schönheit und Pracht des Frühlings, Sommers und Herbstes. Als der Zustand der Seele im Winter an der Reihe war, bat sie dann allerdings mich, die Predigt zu übernehmen. Ich dachte eine Weile darüber nach und beschloss, meine Ausführungen mit Worten zu beginnen, die ich mit dem Winter assoziiere:

Tod. Eis. Erfrierungen.

Schneesturm. Schnee. Schneeschaufeln. Noch mehr Schneeschaufeln. Einen Schneeschieber kaufen.

Streufahrzeuge. Schmutziger Schnee am Straßenrand. Leere Autobatterien. Frostbeulen. Thermounterwäsche. Meine Frau in langen Unterhosen.

Eisangeln. Verminderte Gehirnleistung.

Jahreszeitlich bedingte Störungen der Liebesfähigkeit. Gute Zeiten für die Stadtwerke.

Trostsuche durch Essen.

Tod.

Wie Sie sicher festgestellt haben, kann ich den Winter nicht leiden.

Ich weiß, dass es auf dieser Welt Menschen gibt, die behaupten, dass sie den Winter lieben. Das bringt mich zum Grübeln: Wie viele Personen verbringen wohl ihr Berufsleben in Florida und ziehen nach ihrer Pensionierung nach North Dakota? Tja …

Ich habe schon Leute sagen hören: „Aber Gott hat auch den Winter erschaffen, also muss er gut sein!"

Wissen Sie was? Vor dem Sündenfall wird der Winter überhaupt nicht in der Bibel erwähnt. Im Buch Genesis lesen wir von Bäumen, die bis zum Bersten voll mit Früchten hängen, und Flüssen, in denen klares Wasser fließt, und Menschen, die keine Kleidung brauchen. Wo auch immer der Garten Eden sich befunden hat – es war definitiv nicht Milwaukee im Januar!

Die Bibel berichtet davon, dass der Winter hereinbrach, weil jemand etwas sehr, sehr Schlechtes getan hat. Seither hat die Menschheit dafür bezahlt. Ich spreche da aus eigener Erfahrung, weil ich ein Jahrzehnt in Chicago verbracht habe. Und Chicago wurde gegründet, weil einige Leute aus New York fanden, dass die Verbrechensrate und die Armut dort schon ganz gut ausgeprägt waren, sie es aber gern noch ein bisschen kälter, windiger und nasser hätten.

Eine winterliche Spiritualität

Was auch immer Sie von der meteorologischen Jahreszeit Winter halten, ich möchte in diesem Abschnitt über die Frostperioden unserer Seele nachdenken. Den spirituellen Winter. Es gibt Orte auf dieser Erde, an denen man der kalten Jahreszeit entgehen kann, aber es gibt keinen Ort, an dem man dem geistlichen Winter ein Schnippchen schlagen könnte.

Der Theologe Martin E. Marty hat ein Buch über die schwere Krankheit und den Tod seiner geliebten Frau geschrieben.[2] Er sagt darin, dass die menschliche Rasse etwas brauche, das er als „winterliche Spiritualität“ bezeichnete – eine Ausrüstung für die Zeiten, in denen alle Wärme und Freude von uns genommen werden und ein sonniges Gemüt allein nicht ausreicht, um sie zurückzubringen. Wir brauchen einen Weg, wie wir uns an Gott klammern können, wenn es so scheint, als hätte Gott uns losgelassen.

Der Winter kommt vielleicht, wenn jemand seinen Job verliert oder ein berufliches Scheitern erlebt. Ein tiefes Gefühl der Traurigkeit und der Scham setzt ein, und der Betroffene ist sich nicht mehr sicher, was für eine Art Mensch er ohne diesen Beruf überhaupt ist.

Der Winter kehrt vielleicht ein, wenn das Labor die Ergebnisse

Ihrer Blutuntersuchung schickt und Ihr Arzt Sie mit ernstem Gesicht in seine Praxis bittet. Alles, was Sie für selbstverständlich gehalten haben – dass Sie miterleben werden, wie Ihre Kinder erwachsen werden und heiraten, dass Sie mit Ihrem Ehepartner zusammen alt werden und schließlich nach einem erfüllten Leben zufrieden sterben dürfen –, ist plötzlich sehr unwahrscheinlich geworden.

Der Winter kommt vielleicht, wenn Sie das Gefühl haben, als Eltern völlig versagt zu haben. Oder wenn jemand, den Sie lieben, stirbt. Sie haben so sehr gebetet und so sehr gehofft und können einfach nicht verstehen, warum es passiert.

Jedes von diesen Ereignissen lässt die Seele einfrieren. Jedes läutet den Winter ein. Doch sie sind nicht das Schlimmste am Winter. Das Schlimmste ist, wenn Gott aus Ihrem Leben verschwunden zu sein scheint.

„Weiß man dort in der Finsternis noch,
welche Wunder du tust für dein Volk?
Denkt bei den Vergessenen noch jemand daran,
wie treu du deine Zusagen einlöst?
Ich aber schreie zu dir, Herr;
jeden Morgen bestürme ich dich mit Bitten.
Warum hast du mich verstoßen, Herr?
Warum verbirgst du dich vor mir?"
(Psalm 88,13-15).

Was dem Psalmisten am meisten Schmerz bereitet, ist das Gefühl, dass Gott sich abgewandt hat, dass er fort ist. C. S. Lewis schrieb nach dem Tod seiner Frau:

„Und wo bleibt Gott? [...] *Aber geh zu Ihm in verzweifelter Not, wenn jede andere Hilfe versagt, was findest du? Eine Tür, die man dir vor der Nase zuschlägt, und von drinnen das Geräusch doppelten Riegelns. Danach Stille."*[3]

Das ist das Härteste am Seelenwinter. Und nicht nur das eine oder andere schlimme Erlebnis. „Ich aber schreie zu dir, Herr; jeden Morgen bestürme ich dich mit Bitten" (Psalm 88,14).

Wir können Gott einfach nicht finden. Er antwortet nicht.

Hiob und die Abwesenheit Gottes

Einige Bücher der Bibel – Prediger, Klagelieder und viele der Psalmen – sind winterliche Bücher. Doch in der gesamten Menschheitsgeschichte hat kein Mensch so sehr den Winter der Seele verkörpert wie ein Mann namens Hiob. In seinem Buch erreichen wir schließlich die Seite, auf der Walter am schwersten zu finden ist.

Seine Geschichte beginnt mit den Worten: „Im Land Uz lebte einmal ein Mann namens Hiob. Er war ein Vorbild an Rechtschaffenheit, nahm Gott ernst und hielt sich von allem Bösen fern" (Hiob 1,1). Der Leser muss raten, wo sich Uz befand. Der Hinweis auf den Osten in Vers 3 verrät uns, dass Hiob nicht zum Volk Israel gehörte. Man könnte die Einleitung in dieses Buch auch anders formulieren: „Es war einmal vor langer, langer Zeit in einem weit entfernten Land ..."

Die in diesem Buch geschilderten Probleme sind die der ganzen Menschheit. Wir alle ringen von Zeit zu Zeit mit der (vermeintlichen) Abwesenheit Gottes. Am Anfang ist alles so, wie wir es für gut und richtig halten. Hiob ist „ein Vorbild an Rechtschaffenheit", er nimmt Gott ernst und hält sich von allem Bösen fern. Er ist sogar so umsichtig, dass er täglich Opfer für seine Kinder bringt, nur für den Fall, dass sie vielleicht gesündigt haben könnten.

Gott schenkt Hiob ein wunderbares Leben. Die Summe der Segnungen, die er erfährt, ist direkt proportional zum Grad seines Gehorsams.

Doch auch über Uz bricht der Winter herein. Einem sehr guten Mann widerfahren sehr schlimme Dinge. Ihn trifft nicht nur das Leid, sondern es kommt auch völlig ohne Vorwarnung, ohne Erklärung, und es hinterlässt Verwirrung und Verzweiflung.

Zuvor gibt es einen radikalen Szenenwechsel: Gott und der Teufel haben einen Disput, und Gott erlaubt Satan, Hiobs Lebens ins Chaos zu stürzen. Philip Yancey merkt in seinem Buch „Die Bibel, die Jesus las" an, dass der Verfasser des Buches Hiob sein Werk wie ein Bühnenstück inszeniert hat, dessen Handlung sich auf zwei Ebenen abspielt.[4] Stellen Sie sich eine Bühne mit zwei Etagen vor.

Das ist wichtig für den Erzählverlauf. *Wir* wissen, was auf beiden Ebenen vor sich geht, aber die Hauptfiguren im unteren Stockwerk wissen das nicht. Alles, was sie sehen können, ist das, was auf ihrer Ebene passiert. Alles, was Hiob weiß, ist, dass er in einem Augenblick sein gesamtes Vieh, sein Vermögen, seine Diener und seine Kinder verloren hat. Wir warten gespannt auf seine Reaktion.

Er trauert. Er bricht zusammen. Er weint. Und dennoch betet er Gott an: „Nackt kam ich aus dem Schoß der Mutter, nackt geh ich wieder von hier fort. Der Herr hat gegeben und der Herr hat genommen. Ich will ihn preisen, was immer er tut!“ (Hiob 1,21). Trotz allem sündigt er nicht.

Wir begeben uns wieder auf die obere Ebene, wo eine weitere kurze Unterredung zwischen Gott und Satan geführt wird. Auf den ersten Blick wirkt die Handlung im Himmel äußerst befremdlich. Das Ganze wirkt wie eine kosmische Wette, in der Gott Hiob und seine Familie als Einsatz missbraucht. Doch so ist es nicht.

Die Schlüsselfrage in der oberen Ebene – und im Grunde die Schlüsselfrage des ganzen Buches – tritt zutage, als der Teufel sagt: „Würde er dir gehorchen, wenn es sich für ihn nicht lohnte?“ Mit anderen Worten: „Hiob ist dir nur hingegeben und betet dich an, weil es in seinem eigenen Interesse liegt. Quid pro quo.“ Satan wirft Gott also vor, naiv zu sein.

> „Du denkst doch nur, dass Hiob dich liebt. In Wahrheit liebt er dich nur so, wie ein Kind den Eisverkäufer liebt und alternde Schauspielerinnen den Schönheitschirurgen. Dreh ihm den Segen ab, und du wirst sehen, wie schnell er mit der Anbetung aufhört."

Die Kernfrage ist: Kann ein Mensch im Angesicht tiefen Leids an Gott festhalten? Im Leid zeigt sich, wie groß die Liebe wirklich ist.

Also wird Hiob von einer zweiten Schicksalswelle getroffen. Diesmal gibt es subtile Unterschiede in seiner Reaktion. Er fällt nicht anbetend zu Boden und diesmal sagt er auch nicht: „Ich will ihn preisen, was immer er tut.“

Er setzt sich auf einen Aschehügel auf dem städtischen Müllplatz. Vielleicht ist das ein Schritt des Trauerprozesses. Vielleicht ist man sich nicht sicher, ob die Ausschläge auf seiner Haut nicht doch ein Zeichen von Lepra sind.

Hiobs Frau schlägt vor: „Willst du Gott jetzt immer noch die Treue halten? Verfluche ihn doch und stirb!“ Das ist nicht besonders ermutigend. Es klingt kein bisschen nach Dale Carnegie. Aber auch Hiobs Frau hat alles verloren, ihre Kinder eingeschlossen. Jetzt muss sie ihren schrecklich entstellten Mann versorgen, bis er schließlich und endlich stirbt. Danach wird sie allein und verarmt sein. Im Grunde spricht sie nur etwas aus, das Hiob sicherlich auch gedacht hat.

Hiob verflucht Gott nicht. Doch achten Sie darauf, was er sagt: „Wenn Gott uns Gutes schickt, nehmen wir es gerne an. Warum sollen wir dann nicht auch das Böse aus seiner Hand annehmen?" Er ringt jetzt mit Gott und versucht, ihn zu verstehen. Ist er die Art von Wesen, das Böses über ihn kommen lässt? Ist Gott wirklich gut?

Der Verfasser des Buches schreibt: „In diesem allen versündigte sich Hiob nicht mit seinen Lippen" (Hiob 2,10; Luther 1984). Nach der ersten Welle hieß es noch: „In diesem allen sündigte Hiob nicht und tat nichts Törichtes wider Gott" (Hiob 1,22).

Hier gibt es also eine kleine Einschränkung: Hiob versündigt sich nicht mit dem, *was er sagt.* Aber in seinem Herzen waren schon erste Bedenken.

Freunde im Winter

Hiobs Freunde erfahren von seinen Nöten – Elifas der Temaniter, Bildad der Schuhiter, Zophar der Naamatiter (nicht erwähnt ist Dadgum, die Termite). Diese drei Freunde kommen zusammen, um mit Hiob zu trauern und ihn zu trösten.

Hiob war für seinen Reichtum und seine Weisheit berühmt. Jetzt hat er wegen seiner Probleme und seines Leid traurige Berühmtheit erlangt. Diese Freunde wollen mit ihm zusammen trauern. Das hebräische Verb *nud*, das im Originaltext steht, bezieht sich auf eine wiegende Bewegung des Oberkörpers, die man manchmal sieht, wenn Menschen versuchen, mit einem Schock oder Trauma fertig zu werden. Sie erinnert an eine Mutter, die ihr Kind wiegt.

Die Zuneigung dieser Freunde zu Hiob ist so groß, ihre Trauer so tief, dass sie mit ihm dort sitzen und sein Leid mit ihm teilen wollen. „Sie sahen ihn schon von ferne, doch sie erkannten ihn nicht. Als sie näher kamen und sahen, dass er es war, fingen sie an, laut zu weinen. Sie zerrissen ihre Kleider und warfen Staub in die Luft und auf ihre Köpfe" (Hiob 2,12).

Liebe Sanny,

wir wünschen Dir
ganz viel Kraft, und
dass Du bald wieder
gesund bist.
Hoffentlich kannst Du
die restliche Zeit der
Schwangerschaft richtig

Karte 9091 · Foto: G. Schnarr · Kawohl-Verlag 46485 Wesel

geniessen und Dich
auf Euer "Würmchen"
freuen.

Alles Liebe,

Stephan &

Tanja

Der Herr

sei vor dir, um dir den rechten Weg zu zeigen.
Der Herr sei neben dir, um dich in die Arme
zu schließen und dich zu schützen.

Der Herr sei hinter dir, um dich zu bewahren
vor der Heimtücke böser Menschen.
Der Herr sei unter dir, um dich aufzufangen,
wenn du fällst und dich aus der Schlinge zu ziehen.

Der Herr sei in dir,
um dich zu trösten, wenn du traurig bist.
Der Herr sei um dich herum, um dich zu verteidigen,
wenn andere über dich herfallen.

Der Herr sei über dir, um dich zu segnen.

So segne dich der gütige Gott.

Sie haben gehört, dass es schlimm um ihn steht, aber sie sind nicht auf einen solchen Anblick vorbereitet gewesen. Wenn man jemanden besucht, dem es schlecht geht, versucht man normalerweise, ihn aufzumuntern und sich irgendetwas Positives abzuringen. Ging es Ihnen schon einmal so schlecht, dass ein Mensch, der Sie besuchte, bei Ihrem Anblick einfach nur in Tränen ausbrach? Es steht so schlecht um Hiob, dass es einfach keinen Sinn hat, sich oder ihm etwas vormachen zu wollen.

Die Geschichte geht weiter: „Dann setzten sie sich neben Hiob auf die Erde. Sieben Tage und sieben Nächte blieben sie so sitzen, ohne ein Wort zu sagen; denn sie sahen, wie furchtbar Hiob litt" (Hiob 2,13).

Lassen Sie diese Aussage einmal einen Moment auf sich wirken. Stellen Sie sich bitte vor, dass Sie sieben Tage mit jemandem einfach schweigend verharren. Dies war eine so starke Handlung, dass sie Bestandteil des jüdischen Lebens wurde. Bis zum heutigen Tag kennen Juden die Sitte, in einem Trauerfall eine *shiva* zu sitzen: Freunde kommen und sitzen mit dem Trauernden über einen Zeitraum von einer Woche einfach nur da.

Dieses Ereignis ist vielleicht das großartigste Beispiel für das, was Paulus uns im Römerbrief befiehlt: „Freut euch mit den Fröhlichen und weint mit den Traurigen" (Römer 12,15). Er schreibt nicht: „Findet krampfhaft eine Erklärung dafür, warum sie leiden müssen", oder: „Erinnert sie daran, dass alles wieder gut werden wird und sie aufhören können zu weinen."

Es sollte allerdings auch erwähnt werden, dass Hiobs Freunde nach diesen sieben Tagen zu sprechen beginnen – und zwar viel! Sie werden in große Schwierigkeiten geraten, weil sie das sagen, was sie sagen. Ebenso wie seine Frau haben Hiobs Freunde im Laufe der Zeit ziemlich viel Kritik für das einstecken müssen, was sie sagen. Und das aus gutem Grund, denn ihre Worte sind nicht unbedingt besonders weise.

Ihr Schweigen war brillant; ihr Schweigen war ein Geschenk!

Vielleicht ist das die allerbeste Möglichkeit, Gottes Gegenwart für jemanden greifbar zu machen, der leidet – einfach schweigend mit ihm dazusitzen.

Schließlich spricht auch Hiob. Wir sind gespannt, was er zu sagen hat. Ob er nur wiederholt, was er im 1. Kapitel gesagt hat: „Der Herr hat gegeben und der Herr hat genommen. Ich will ihn preisen, was immer er tut!“ Dann wäre das Buch zu Ende – und nur ein sehr kurzes Buch! Doch stattdessen heißt es dort:

„Hiob selbst brach schließlich das Schweigen. Er verfluchte den Tag seiner Geburt" (Hiob 3,1–2). Das ist genau die Art von Äußerung, die das Buch Hiob bei Motivationstrainern so unpopulär macht. Ich kann Ihnen versichern, dass Dale Carnegie oder Ulrich Strunz niemals sagen würden: „Wenn es in Ihrem Leben richtig schlecht läuft, dann verfluchen Sie eben den Tag, an dem Sie geboren wurden!"

Hiob fährt fort, indem er die Frage aufwirft, ob der betreffende Tag nicht einfach rückwirkend aus dem Kalender gestrichen werden könnte.

„Versunken und vergessen soll er sein, der Tag, an dem ich einst geboren wurde, und auch die Nacht, die sah, wie man mich zeugte! Gott, mach doch diesen Tag zu Finsternis! Streich ihn aus dem Gedächtnis, du dort oben, und lass ihn niemals mehr das Licht erblicken! Er war das Eigentum der Dunkelheit; sie fordere ihn zurück, erschrecke ihn mit Sonnenfinsternis und dichten Wolken. [...] *Die Zaubermeister sollen sie verwünschen, die fähig sind, die Tage zu verfluchen“* (Hiob 3,3–5.8).

Interessant – wer sind wohl diese Leute, deren Job es ist, Tage zu verfluchen? Das scheint mir ein recht begrenztes Berufsfeld zu sein!

In den folgenden 28 Kapiteln gibt Hiob Äußerungen von sich, die von einer solchen Bitterkeit, Verwirrung, Trauer und Wut Gott gegenüber zeugen, dass man sich schon wundern muss. Vor allem will er aber wissen, warum Gott ihn im Stich gelassen hat.

Das ist so schlimm, dass selbst seine Freunde es nicht aushalten.

Die Lehre von Strafe und Belohnung

Hiobs Freunde haben 22 Kapitel damit zugebracht, einen zentralen Gedanken in Worte zu fassen, der tatsächlich die vorrangige Theologie ihrer Zeit darstellte. Schon in der mesopotamischen Literatur kommt sie vor. Dahinter verbirgt sich die Vorstellung, dass gute Menschen Wohlstand und Segen erfahren, während böse Taten Leid zur Folge haben. Ironischerweise bringen diese Freunde Hiob näher zu Gott, als sie schweigen, und stoßen ihn von Gott weg, als sie den Mund aufmachen.

„Tja, Hiob – wenn es dir schlecht geht, musst du wohl irgendetwas verbrochen haben, um das zu verdienen. Wenn du dich Gott nicht mehr nahe fühlst – wer von euch hat sich wohl bewegt? Wenn du umkehrst und bereust, wird auch das Leid aufhören."

Philip Yancey merkt in einem seiner Bücher an, dass die Argumente, die Hiobs Freunde vorbringen, auch heute noch in christlichen Gemeinden ihr Unwesen treiben. Leidende Menschen haben Yancey immer wieder berichtet, dass ihre Mitchristen ihr Leiden noch verschlimmern, indem sie Dinge sagen wie:

- „Der Grund, warum du im Krankenhaus liegst, hat sicher etwas mit der Geisterwelt zu tun. Wenn du dich mehr mit geistlicher Kampfführung beschäftigen würdest, könntest du den Satan überwinden und geheilt werden!"
- „Wenn du nur genug Glauben hättest und ernsthafter beten würdest, würdest du geheilt werden!"[5]

Wir assoziieren großzügig Gottes Gegenwart mit unserem Wohlergehen und schließen daraus dann im Gegenzug, Leid müsse bedeuten, dass der Betroffene etwas falsch gemacht hat. Niemand schreibt Bücher mit dem Titel „Wo ist Gott in meinem Glück?".[6] Niemand gewinnt im Lotto und ruft aus: „Warum ich, Gott?" Und natürlich ist es wahr, dass Schmerz und Leid nicht zu Gottes ursprünglichem Plan für die Menschheit gehörten und dass der Tag kommen wird, an dem er alle Tränen abwischt.

Und doch ...

Obwohl Schmerz Gottes Wesen und Plänen widerspricht, kann er ihn auch gebrauchen. Das bedeutet jedoch nicht, dass er abwesend ist, wenn der Schmerz nicht verschwindet. Vor Jahren half ich dabei, eine Umfrage durchzuführen, bei der Tausende von Christen gefragt wurden, was am meisten zu ihrem geistlichen Wachstum beigetragen habe. Die meistgenannte Antwort lautete: „Schmerz".

Im Sommer neige ich dazu, meinen Erfolg, Wohlstand, guten Ruf oder Glauben unter die Lupe zu nehmen und das Gefühl zu haben, dass ich alles richtig mache und alles im Griff habe. Mein Leben läuft so, wie ich es will. Im Winter lerne ich dann, dass ich keineswegs das Steuer in der Hand habe. Jemand hat einmal gesagt, der größte Unterschied zwischen mir und Gott sei der, dass Gott nicht denke, er sei ich. Im Leid erkennen wir sehr deutlich, dass wir nicht Gott sind.

Das bedeutet natürlich nicht, dass man zu jemandem hingehen sollte, der großes Leid erlebt, um ihm fröhlich mitzuteilen: „Na, freu dich doch, denn jetzt wirst du jede Menge geistliches Wachstum erleben!" Schmerz ist tiefer und viel mysteriöser.

Kleine Schmerzen

Wir können üben, Gottes Gegenwart zunächst einmal in Augenblicken wahrzunehmen, die für uns „Mini-Schmerz-Momente" darstellen. Nehmen wir an, ich stehe leicht frustriert in einer Schlange an der Supermarktkasse. Auf einer Schmerz-Skala von 1 bis 1.000 ist das sicherlich höchstens eine 2, aber ich kann die Situation sozusagen als Einsteiger-Übung nutzen. Ich kann Gott darum bitten, dass er in all meiner Frustration über die Verzögerung bei mir ist. Ich kann nach seiner Gegenwart Ausschau halten – vielleicht dort drüben bei der Kassiererin, die den Job erst kurze Zeit macht. Diese Übung, bei der ich kleine Schmerzmomente bewusst an Gottes Seite erlebe, kann ein gutes Training für den Tag sein, an dem ich mit echtem Leid konfrontiert werde.

Vor fast sechs Jahren musste ich das schmerzvollste Jahr meines Lebens durchmachen. Auf Grund diverser Umstände traten langjährig erlernte und eingefahrene Verhaltensmuster bei mir zutage, bei denen es grundsätzlich darum ging, dass ich viel zu stark vom Lob und der Anerkennung anderer Menschen abhängig war. Die Leere und Hohlheit dieses Lebens traf mich so hart, dass ich jeden Morgen mit einem ausgesprochen unangenehmen Gefühl in der

Magengrube aufwachte. Ich begann, dieses Gefühl in meinem Tagebuch persönlich anzusprechen: „Guten Morgen, unangenehmes Gefühl! Ich wünschte, du würdest verschwinden …“ Obwohl ich einen Universitätsabschluss in Psychologie habe, weigerte ich mich bis dahin immer, therapeutische Hilfe in Anspruch zu nehmen. Ich war schließlich ein Helfer, kein Hilfsbedürftiger! Doch der Schmerz veränderte dies. Irgendwann war ich sogar so weit, dass ich um Hilfe *schrie*!

Mit der Zeit erkannte ich, dass der Schmerz durchaus auch positive Auswirkungen auf mein Leben hatte, selbst wenn er mir nach wie vor ausgesprochen unangenehm war. Ich wurde mir der Tatsache bewusster, dass alles, was im Leben wirklich wichtig ist, mit Gott zusammenhängt. Meine Abhängigkeit von ihm wuchs. Wenn Menschen, die mich gut kannten, mir die Hände auflegten und für mich beteten, war das wie eine Sauerstofftherapie für meine Seele. Gewisse Versuchungen, die mit Erfolg und Anerkennung zu tun haben, wirkten plötzlich weitaus weniger verführerisch auf mich; die Realität der geistlichen Dinge wurde klarer.

Das bedrückende Gefühl in meiner Magengrube wurde nach und nach kleiner. Es stattet mir aber immer noch hin und wieder einen Besuch ab, was mir natürlich nicht besonders gefällt. Aber auf eine seltsame Art bringt es mir Nachrichten von Gott, die ich auf andere Weise nicht empfangen würde.

Ich weiß natürlich, dass zahllose Menschen unendlich viel größeres Leid erfahren haben als ich. Und ich glaube nicht, dass Gott jemand ist, der sich darüber freut, wenn er einem hilflosen Sterblichen gemeine moralische Lektionen erteilen kann. Doch wenn ich auf mein eigenes Leben blicke, erkenne ich, dass der Schmerz zwei Seiten hat: Er veranlasst mich dazu, mich zu fragen, wo Gott in meinem Leben ist. Und macht mich dafür offen, meine völlige Abhängigkeit von seiner Gegenwart anzuerkennen. Und es gibt nichts anderes als den Schmerz, das dies bewirken könnte.

Hiob verbringt den größten Teil des Buches mit Klagen und Beschwerden. In den winterlichen Büchern der Bibel klagen die Menschen sehr häufig. Im Buch der Psalmen begegnet uns ein faszinierendes Paradoxon: Der hebräische Name für die Psalmen ist *tehillim* – Lobgesänge. Bibelgelehrte haben die Psalmen in verschiedene Kategorien eingeteilt: Dankpsalmen, Weisheitspsalmen, Lobpreispsalmen. Doch die bei weitem häufigste Form ist die der Klagepsalmen.

„Du lässt zu, dass wir fliehen müssen vor unseren Feinden, die uns hassen; hemmungslos dürfen sie Beute machen. Wie Schlachtvieh lieferst du uns an sie aus, du zerstreust uns unter fremde Völker. Du verkaufst dein Volk zu einem lächerlichen Preis, nicht den kleinsten Gewinn machst du dabei. Du lässt uns von unseren Nachbarn verhöhnen, sie dürfen uns verlachen und beschimpfen. Du machst uns zur Spottfigur für die Völker, sie alle schütteln über uns den Kopf" (Psalm 44,11–14).

Die Israeliten haben mehr Lieder der Klage gewidmet als jeder anderen Kategorie. Das sind doch gute Nachrichten. Vielleicht können Sie bereits ziemlich gut klagen oder sind bereit, es zu lernen. Vielleicht ist Klagen Ihre geistliche Gabe!

Die Alttestamentlerin Ellen Davis beschreibt, dass es in keiner anderen Religionen der damaligen Zeit etwas gab, das diesen Klagegesängen entsprach.[7] In keiner anderen Religion wandten sich die Gläubigen in so direkten und teilweise richtiggehend unverschämten Worten an ihren Gott:

„Wir haben uns nicht von dir abgewandt und sind keinen Schritt von deinem Weg gewichen. Wach auf, Herr! Warum schläfst du? Wach endlich auf, verstoß uns nicht für immer! Warum blickst du nicht mehr auf uns? Warum fragst du nicht danach, wie man uns quält und unterdrückt?" (Psalm 44,19; 23–24).

Die Anhänger anderer altertümlicher Religionen beteten. Sie sprachen Bitten aus, brachten Opfer dar, verfluchten vielleicht sogar ihre Feinde im Namen ihres Gottes. Doch nur das Volk Israel wagte es, solche Klagegebete an ihn zu richten. Und das aus gutem Grund, denn von allen damaligen Völkern glaubten nur die Israeliten an einen Gott, der Himmel und Erde geschaffen hat und sich dennoch dafür interessiert, ob wir Schmerzen leiden. Und der derjenige ist, an den man sich wenden muss, damit er etwas dagegen tut.

Und genau das macht diese Art von Gebeten so machtvoll – und zu einem wichtigen Teil unseres geistlichen Lebens. Wenn wir leidenschaftlich ehrlich zu Gott sind, wenn wir uns nicht in Selbstmitleid oder Märtyrertum suhlen, sondern uns einfach Gott ganz öffnen und unsere Klagen in der Hoffnung vor ihn bringen, dass wir ihm trotz allem vertrauen können – dann bitten wir Gott, unsere Herzen in einen Zustand zu versetzen, in dem sie wieder in seiner Gegenwart ruhen können. Und Gott wird kommen … wenn auch vielleicht nicht so, wie wir dies erwartet haben.

Lewis Smedes war einer meiner Lehrer am Theologischen Seminar, und er ist einer der besten Autoren und Prediger, die ich kenne. Obwohl er so brillant und gebildet und Gott wirklich hingegeben war, litt er an einem ständigen Gefühl der Unzulänglichkeit, das sich manchmal zu einer richtiggehenden Depression steigerte. Einmal hörte er sogar ganz auf zu lehren, weil er den Eindruck hatte, dass er dazu nicht mehr qualifiziert wäre.

Gott drang auf zwei Arten zu ihm durch. Zum einen über eine dreiwöchige Rückzugszeit, in der Smedes Gott in der Einsamkeit so deutlich sagen hörte, er würde ihn tragen, dass er sich buchstäblich aus dem schwarzen Loch emporgehoben fühlte. Den anderen Weg beschreibt er mit folgenden Worten:

„Ich bin seit diesem Tag nicht mehr depressiv gewesen, obwohl ich zugeben muss, dass Gott jeden Morgen zu mir kommt und mir eine 20-Milligramm-Kapsel ‚Prozac' reicht. Er räumt den Müll beiseite, der sich über Nacht in den Kanälen meines Gehirns ansammelt, und gibt mir die Möglichkeit, jeden Morgen ganz neu anzufangen. Ich schlucke jede Pille mit tiefer Dankbarkeit gegenüber Gott."[8]

Ich bin froh über das Bild, das Lewis hier gebraucht. Bis zu diesem Zeitpunkt dachte ich immer, es sei ein Zeichen für einen schwachen Glauben, wenn man stimmungsaufhellende Medikamente nimmt. Doch was ist, wenn „Prozac" und Konsorten gar kein

Ersatz für Gottes Handeln sind, sondern ein Geschenk von ihm? Was ist, wenn unsere Ablehnung solcher Hilfsmittel sozusagen bedeutet, dass wir Gottes Hand wegschubsen, weil wir zu stolz sind? Vielleicht handelt Gott ja auch durch Medikamente, die dafür sorgen, dass unsere Synapsen und Neurotransmitter richtig funktionieren. Vielleicht ist das die eigentliche Schwäche, wenn wir aus Blindheit oder Sturheit eine Form der Hilfe ablehnen, die Gott uns anbietet?

Wie ist Gott?

Hiob ist fest davon überzeugt, dass Gott ihn verlassen hat, und er beklagt sich darüber, dass er ja eigentlich nur eine faire Gegenüberstellung möchte, bei der er Gott zur Rede stellen würde:

„Wenn ich nur wüsste, wo sich Gott befindet und wie ich zu ihm hingelangen könnte! Ich würde ihm schon meine Lage schildern, ihm meine Gründe und Beweise nennen. Ich bin gespannt, was er dann sagen würde, wie er mir darauf seine Antwort gäbe" (Hiob 23,3–4).

Wie war das noch? *Sei vorsichtig, um was du bittest, denn es könnte dir gewährt werden …*

Gegen Ende des Buchs wird Hiobs Wunsch erfüllt: „Dann ergriff der Herr selbst das Wort und antwortete Hiob aus dem Sturm heraus" (Hiob 38,1).

Wie ist dieser Augenblick wohl gewesen?

Eine der interessantesten Tatsachen an Gottes Einspruch ist die, dass er gar nicht erst bis zu Hiobs Frage nach dem Warum kommt. Er erzählt Hiob auch nichts von dem, was in Kapitel 1 und 2 auf der oberen Bühne passiert ist. Gott stellt Hiob einfach nur eine ganze Menge Fragen, auf die dieser keine Antworten hat.

Warum tut Gott das? Auf den ersten Blick wirkt es fast gemein. Auf jeden Fall macht Gott so unter anderem deutlich, dass Hiob einen einseitigen Standpunkt und eine sehr begrenzte Sichtweise der Dinge hat. Doch da ist auch noch mehr.

Ellen David schreibt, dass Gottes Fragen darauf hindeuten, welche Art von „Person" er ist.[9] Sie enthalten zahlreiche Hinweise auf seine außergewöhnliche Güte und Fürsorge in Bereichen, in denen es für ihn vielleicht keinen „strategischen Gewinn" gibt.

„Wer grub am Himmel Rinnen für den Regen? Wer bahnte dem Gewitter seinen Weg? Wer lässt es regnen auf die öde Steppe, aufs Land, in dem es keine Menschen gibt? Wer stillt den Durst der ausgedörrten Erde, damit sie grünes Gras aufsprießen lässt? Denk an den Regen: Hat er einen Vater? Und sieh den Tau: Hat jemand ihn gezeugt?" (Hiob 38,25–28).

Diese Zeilen müssen einen Leser aus Hiobs Umfeld zutiefst getroffen haben. Das ganze Leben in Israel hing vom Niederschlag ab. Niemand verschwendete zu dieser Zeit einen Tropfen Wasser. Warum also sollte Gott ein Land bewässern, „in dem es keine Menschen gibt"?

Weil Gott ein Gott ist, der vor Güte geradezu überfließt. Und er ist absolut unkontrollierbar großzügig. Er ist irrational liebevoll. Er ist vollkommen grundlos gut. Er gibt, weil er es einfach liebt, sich zu verschenken. Er lässt aus reiner, völlig übertriebener Freude heraus Ströme lebendigen Wassers fließen. Es gibt eine Wildnis, in der niemand lebt, und trotzdem ist sie von Schönheit und Gnade erfüllt, weil Gott aus ihrer Mitte einen Fluss entspringen lässt.

Gott erfreut sich an Tieren, die keinen ersichtlichen Nutzen haben. Eine Straußenhenne sieht irgendwie ulkig aus und schlägt fröhlich mit den nutzlosen Flügeln, als ob das irgendeinen Sinn hätte. Sie legt Eier und kann sich dann nicht einmal mehr erinnern, wo sie sie deponiert hat. Das Tier scheint nicht sonderlich viel Nutzen zu haben. Aber wenn es rennt – meine Güte! „[...] sinnlose Mühe macht ihr gar nichts aus. Als ich sie schuf, gab ich ihr keine Klugheit und an Verstand hat sie nichts mitbekommen. Doch wird sie aufgeschreckt und läuft davon, so lacht sie Pferd und Reiter spöttisch aus" (Hiob 39,16–18).

Warum sollte Gott soviel Talent für nichts vergeben? „Sieh dir als Beispiel doch das Nilpferd an", sagt Gott dann. Auch diese Kreatur hat keinen ersichtlichen Nutzen. „Es ist ein Meisterwerk in meiner Schöpfung, und niemand als sein Schöpfer kann's bezwingen. [...] Wer könnte ihm von vorn entgegentreten und ihm ein Fangseil durch die Nase ziehen?" (Hiob 40,15.19.24). Damals betrachtete man das Nilpferd offenbar als eine Art Monster, das getötet werden sollte – doch Gott sieht das anders: „Er ist ein

Meisterwerk meiner Schöpfung." So als ob Gott der Meinung sei, bei seiner Erschaffung einen besonders guten Tag gehabt zu haben.

Gott machen auch wilde Büffel Freude, die nie einen Pflug ziehen werden; Wildesel, die man nicht zähmen kann; Bergziegen, die an verborgenen Orten leben, die nie ein Mensch zu Gesicht bekommen wird; den Leviathan, den niemand fangen kann (das könnte möglicherweise ein Riesenkrokodil oder eine Art Dinosaurier gewesen sein): „Auf Erden kannst du nichts mit ihm vergleichen; so furchtlos ist kein anderes Geschöpf. Selbst auf die Größten blickt es stolz herab, es ist der König aller wilden Tiere" (Hiob 41,25–26).

Gott erschafft, versorgt, beschenkt und erfreut sich an Geschöpfen, die keinen ersichtlichen Nutzen haben. Warum sollte Gott eine solche Welt lieben? Weil er sich an der Schönheit des am wenigsten Nützlichen erfreut.

Was Gott Hiob hier also im Grunde mitteilt, ist Folgendes: „Ich bin es wert. Zu leben, mir nachzufolgen – es ist all die Anstrengung wert! Gib mich nicht auf. Der Schmerz wird nicht für immer anhalten. *Ich bin die Art von Gott, der es wert ist, dass man ihm nahe kommt*."

Gott ist unkontrollierbar großzügig. Er ist irrational liebevoll. Er ist vollkommen grundlos gut. Das ist eben Teil seines Wesens.

Und vielleicht ist das auch der Grund, warum wir hier auf dieser Erde sind.

Sie wurden erschaffen, um ihm Freude zu machen

Meine Lieblingsautorin Mallory Ortberg schreibt:

„… und wenn ich über Gottes wilde Verschwendungssucht nachdenke, seine freigiebige Art, seine Leidenschaft für das Unnötige und das Exzessive und das vollkommen Nutzlose, dann trifft mich eine Erkenntnis, die so wunderbar befreiend ist, dass ich nichts anderes mehr tun kann als zu lachen. Was ist, wenn sich diese Verschwendungssucht auch auf mich erstreckt? Ich bin kein tapferer Soldat Gottes und auch kein geschätzter

Diener in seinem Königreich. Ich bin ein Hofnarr! Ich bin das himmlische Äquivalent eines Pfaus, eines Stirnreifs, einer sprechenden Puppe. Wir sind nicht dazu geschaffen worden, Gott zu dienen – wir sind dazu da, ihm Freude zu bereiten!"

Hiob findet nie heraus, was vor seinem Unglück auf der oberen Bühne passiert ist. In dieser Hinsicht ist seine Geschichte *unsere* Geschichte. Auf dieser Welt leben wir auf der unteren Bühne. Der Winter kehrt bei uns ein, und wir wissen meist nicht, warum.

Doch Hiob bekommt etwas Besseres: Er erfährt, wer Gott ist: „Ich kannte dich ja nur vom Hörensagen; jetzt aber hat mein Auge dich geschaut" (Hiob 42,5).

Das ist genug. Hiob hat nun erkannt: Gott weiß Bescheid. Gott ist an seiner Person interessiert.

Als Gott selbst auf die Erde kam, kam er im Winter. Jesus wurde, wie Hiob, ein „Mann der Schmerzen" genannt (Jesaja 53,3; Elberfelder). Man verbindet seinen Namen automatisch mit Leid.

Wo war Gott? Er war auch dort auf dem Aschehaufen. Wie Hiob war er vor Schmerzen so zerrissen, dass ihn niemand mehr erkannte:

„Alle verachteten und mieden ihn; denn er war von Schmerzen und Krankheit gezeichnet. Voller Abscheu wandten wir uns von ihm ab. Wir rechneten nicht mehr mit ihm. In Wahrheit aber hat er die Krankheiten auf sich genommen, die für uns bestimmt waren, und die Schmerzen erlitten, die wir verdient hatten" (Jesaja 53,3–4).

Er selbst musste durch den Frost der Abwesenheit Gottes gehen: „Mein Gott, mein Gott, warum hast du mich verlassen?" (Matthäus 27,46).

Am Kreuz zeigt sich das ultimative Paradoxon: Gott erlebt die Abwesenheit Gottes, damit er sich uns auch in unserem Verlust, unserer Trauer und unserer Gottverlassenheit nähern kann.

Nicholas Wolterstorff hat ein Buch mit dem Titel „Klage um einen Sohn" geschrieben, als bei ihm nach dem Unfalltod seines Sohnes plötzlich der Winter einkehrte. Wolterstorff schreibt, dass es in der Bibel heißt, niemand könne das Angesicht Gottes sehen und überleben: „Ich hatte immer gedacht, dass man Gottes Glanz nicht ertragen könnte. Doch ein Freund meinte, vielleicht könne ja auch einfach kein Mensch Gottes Leid sehen und es überleben. Oder vielleicht *ist* sein Leiden ja sein Glanz."[10]

Nie haben wir seinen Glanz deutlicher erkennen können als am Kreuz, als er unsere Gottverlassenheit auf sich nahm. Vielleicht ist es das größte Wunder: dass Gott lieber der leidende Gott einer leidenden Menschheit sein will als der heilige Gott einer unheiligen Menschheit.

Wenn es in Ihrem Leben Winter ist und Sie sich fragen, wo Gott ist – dann können Sie jetzt damit aufhören. Er ist der Gott des Aschehügels. Jesus war uns niemals näher als in dem Augenblick, in dem er am weitesten von seinem Vater entfernt war. Vielleicht ist sein Leiden sein Glanz.

Schönheit ohne festen Sinn

Die restlichen Abschnitte des Buches Hiob sind mehr ein Epilog. Gott sagt zu Hiobs Tröstern: „Ich bin zornig auf dich und deine beiden Freunde; denn ihr habt nicht die Wahrheit über mich gesagt wie mein Diener Hiob" (Hiob 42,7).

Stellen Sie sich nur die Überraschung der Freunde vor: Hiob beklagt sich über Gott; sie verteidigen Gott; sie wissen, dass sie Recht haben; dann taucht Gott auf und sagt, dass Hiob Recht hat! Doch Gott verspricht, ihnen zu vergeben, wenn Hiob für sie betet. Wir können uns denken, dass Hiob und seine Freunde nun ein sehr interessantes Gespräch führten. Hiob betet für sie und Gott vergibt ihnen.

Dann, in den allerletzten Zeilen, merkt der Verfasser des Buches etwas an, das wir leicht übergehen, obwohl frühere Leser es sicher bemerkt haben. Er schreibt, dass Hiob noch weitere Kinder bekommt, und er listet die Namen der drei Töchter auf – jedoch nicht die seiner sieben Söhne. In der hebräischen Tradition war das etwas Unerhörtes. Dazu kommt noch, dass es sehr fremdartig klingende Namen sind. Das Thema „Namen in der Bibel" würde leicht ein eigenes Buch füllen, denn sie sind lebendige Ausdrücke des Charakters ihres jeweiligen Trägers und der göttlichen Absichten mit ihm oder ihr.

Normalerweise sind hebräische Namen eine ernsthafte Angelegenheit; sie bezeichnen einen Charakterzug oder eine theologische Wahrheit. Doch bei den Namen von Hiobs Töchtern geht es nur um Schönheit. „Jemima“ bedeutet „Täubchen“, ein Vogel, der als Inbegriff der Schönheit galt. Die zweite Tochter heißt „Keziah“, was „Zimtblüte“ heißt – ein wertvolles und geschätztes Gewürz. Doch der Gipfel ist die dritte Tochter, deren Name „Keren-happuch“ soviel bedeutet wie „ein Gefäß voll Lidschatten“. Hiob hat sie also nach Make-up benannt, das ist in etwa so, als würden Sie Ihre Tochter „Kajal“ oder „Lipgloss“ taufen.

Doch nicht nur das ist verwunderlich, sondern auch die Tatsache, dass Hiob seine Töchter als Erbinnen einsetzt und nicht die Söhne. In der patriarchalischen Welt des Altertums hätte kein Mann mit sieben Söhnen auch nur im Traum daran gedacht, seinen Töchtern etwas zu vermachen. Vielleicht wäre gar nicht genug übrig gewesen.

Söhne waren von strategischer Bedeutung. Es war ihre Pflicht, im Alter für ihre Eltern zu sorgen. Töchter waren in strategischer Hinsicht nicht sehr bedeutend. Geld, das man Töchtern vermachte, würde dazu verwendet werden, im Alter für die Eltern ihrer Ehemänner zu sorgen. Das ist ein bisschen so, als würde man heutzutage in die Rentenkasse von jemand anderem einzahlen.

Warum berichtet der Verfasser des Buchs Hiob also von dieser Begebenheit?

Weil Hiob gelernt hat, sich an strategisch unwichtigen Geschöpfen zu freuen und sich um sie zu kümmern. Er ist jetzt unkontrollierbar großzügig. Er ist irrational liebevoll. Er ist vollkommen grundlos gut.

Erinnert Sie das an jemanden?

Satan hatte sich gründlich im guten alten Hiob getäuscht. Die zentrale Frage des Buches Hiob ist: Kann ein menschliches Wesen an Gott, dem Glauben und der Liebe festhalten, wenn es eisiger Winter wird?

Es kann. Es hat es getan.

Hiob konnte die obere Bühne nicht sehen. Er ahnte nicht, dass seine Treue eine viel größere Bedeutung hatte, als er sich in seinen kühnsten Träumen vorgestellt hätte. Ihm war nicht bewusst, dass in seinem geistlichen Leben etwas Kosmisches, etwas von Ewigkeitswert geschah.

Er saß auf seinem Ascheberg, zog sich die Haut in Streifen ab und fühlte sich zerbrochen, krank, verspottet, verwirrt und hoffnungslos. Doch dabei entdeckte er etwas, das Menschen, die leiden, oft besser erkennen als andere: Er war nicht allein.

Nicht einmal mitten im Winter.

Kapitel 10

Die Hecke

„Auf Gottes Stimme zu hören ist wie nachts Auto zu fahren.
Die Scheinwerfer geben gerade genug Licht ab,
dass wir das nächste Stück Straße direkt vor uns erkennen können.
Und dieses Licht reicht aus, um uns nach Hause zu bringen."
Suzanne Farnham[1]

Wir leben derzeit in einem Mietshaus mit einem kleinen Garten. Die Grenze zum Nachbargarten bildet eine Hecke mit einem Zaun, sodass wir weder hinübersehen noch hindurchgelangen können. Und genau das ist für Winston zu einer regelrechten Obsession geworden.

Winston ist unser Yorkshire-Terrier – was bedeutet, dass er nicht groß genug ist, um wirklich als Hund bezeichnet zu werden, sondern eher als eine Bellkatze mit Größenwahn. Er bemerkt jede noch so kleine Kreatur, die unser Grundstück betritt. Er hört, sieht und riecht Dinge, die dem Rest unserer Familie entgehen. Und Winston ist davon überzeugt, dass es auf der anderen Seite der Hecke etwas Monströses gibt.

Wenn er sich im Haus aufhält, lauert Winston stets auf der Kopfstütze eines großen Sessels vor dem Fenster, das zum Garten hinaus geht. Seine Ohren sind aufmerksam gespitzt, sein Kopf geht wie bei einem Wackeldackel aufgeregt hin und her, seine Muskeln sind angespannt wie die eines Soldaten vor dem Angriff. Wenn wir ihn dann in den Garten hinauslassen, ist er wie entfesselt. Er schnüffelt an der Hecke herum, bellt und sucht wie immer nach einem Durchgang.

Wir wissen nicht, was ihn so aufregt. Vielleicht sind es Kaninchen oder Eichhörnchen. Oder ein riesiger, aber schweigsamer Kampfhund. Oder eine absolut niedliche Pudel-Dame, die umwerfende hundemäßige Liebesdüfte von sich gibt.

Wir wissen nur, dass irgendein Gefühl, Instinkt oder Reflex Winston im Griff hat und ihn nicht mehr loslässt. Die andere Seite der Hecke ist sein Allerheiligstes; die Hecke ist der Vorhang, den er nicht durchqueren kann. Meine Frau Nancy wird des Ganzen so langsam etwas überdrüssig, denn wenn wir Winston hereinlassen, sind seine Pfoten immer voller Erde, weil er wieder einmal versucht hat, einen Tunnel unter der Hecke hindurch zu graben. Winston glaubt wirklich daran, dass hinter dieser Hecke etwas ist – und zwar etwas von allergrößter Bedeutung –, und er ist fest entschlossen, irgendwie hinüberzugelangen und zu sehen, was es ist.

Ich lebe ebenfalls in einem „Mietshaus". Es wird jeden Tag ein bisschen grauer und faltiger und erinnert mich nicht gerade sehr dezent daran, dass ich früher oder später abbruchreif sein werde. Draußen vor der Tür liegt der Garten, der sich Universum nennt. Und am Rand des Universums ist eine Hecke.

Die Hecke ist ein Vorhang, eine Grenze, die mich in der Enge meines kleinen Gartens gefangen hält und mich von der großen Präsenz trennt, die irgendwo da draußen sein muss. Wegen der Hecke kann ich sie nicht sehen. Die Hecke ist meine Endlichkeit, meine Einsamkeit, meine Blindheit, meine Sünde.

Jeden Tag hört Millionen Mal ein Herz auf zu schlagen, eine Lunge auf zu atmen, und die Hecke ist nicht mehr länger ihre Realität. Wenn irgendjemand einen Weg finden könnte, wie er hindurchgelangen und dann zurückkommen könnte, um uns eine Beschreibung der anderen Seite zu liefern, könnte derjenige sich ein schönes Leben machen!

Manche Menschen erzählen, dass sie nahe genug herangekommen sind, um ein helles Licht zu erblicken, doch sie können keine Details liefern. Andere, wie die Schauspielerin Shirley MacLaine, behaupten, regelmäßig durch die Hecke hindurchzugehen und wiederzukommen. Das Leben nach dem Tod ist ihrer Ansicht nach eine Art Zwischenstation der Seelen, ein Umsteigebahnhof wie Kassel-Wilhelmshöhe. Doch sie bringen nie etwas Greifbares als Beweis von diesen Reisen mit.

Es gibt Menschen, die ebenso fest davon überzeugt sind, dass hinter der Hecke gar nichts ist, dass unser Garten alles ist, was es gibt, und dass man nur das bekommt, was man auch sehen kann. Punkt.

Doch die Gerüchte und das Flüstern über die große Präsenz sind nicht totzukriegen. Die menschliche Rasse scheint einen nicht zu unterdrückenden Instinkt zu besitzen, dieses Etwas hinter der Hecke zu vermuten und anzunehmen, dass unser Leben mehr sein muss als nur ein wildes Zufallsgemisch aus Molekülen und Atomen. Und dass der Tod eine Art Durchgang ist und kein Zaun, dass die Realität größer sein muss als unser kleiner Garten. Also drücken sich die Menschen weiter am Zaun herum, graben und wühlen, bauen Pyramiden und bemalen Kirchendecken, machen sich die Finger schmutzig und schicken Gebete an den unbekannten Jemand dort auf der anderen Seite der Hecke.

Dünne Stellen

Philip Yancey schreibt, dass in der spirituellen Literatur der Kelten von „dünnen Stellen" die Rede ist, an denen die natürliche und die jenseitige Welt sich ganz nahe kommen.[2] Die Geburt eines Kindes, die Worte eines alten Liedes, der Anblick eines Sonnenaufgangs – diese „dünnen Stellen" können so monumental wie Leben und Tod selbst sein oder auch so vergänglich wie das Schwirren eines Kolibris. Für manche Menschen scheint das Blattwerk der Hecke durchsichtiger zu sein als für andere – nur eine Haaresbreite, so wie der Abstand zwischen Adam und Gott in der Sixtinischen Kapelle.

Beweise sind nur schwer zu bekommen – zumindest wenn man dazu im Garten bleiben will. Der Tod wird die ultimative Antwort liefern, aber dann kann man niemandem mehr davon erzählen.

Ich halte es für eine große Ironie des Schicksals, dass die klügsten Köpfe unserer Welt ihr ganzes Leben damit zugebracht haben, die Antwort auf die Frage „Was kommt nach dem Tod?" zu finden, während gleichzeitig der größte Dummkopf der Welt die Antwort im ersten Augenblick nach seinem Tod kennt. Sie werden es ebenfalls ganz sicher herausfinden – genau eine Sekunde, nachdem Sie absolut gar nichts mehr dagegen oder dafür unternehmen können.

Fast jedes Mal, wenn ich höre, dass jemand gestorben ist, denke ich: *Jetzt weiß er Bescheid*. In der Woche, in der ich dieses Kapitel schreibe, sind diese Jemands der Ex-Präsident Ronald Reagan, der bekannte Musiker Ray Charles und ein 15-jähriger Junge aus unserer Gemeinde. Jetzt wissen sie Bescheid.

Diejenigen, die daran glauben, dass hinter der Hecke etwas ist, müssen sich mit der Frage plagen, warum die Hecke überhaupt da ist. Warum versteckt sich dieser Jemand oder das Etwas? Hat die Hecke einen Sinn? Ist es möglich, dass es sein Gutes hat, wenn wir es nicht genau wissen?

Diejenigen, die daran glauben, dass hinter der Hecke nichts ist, müssen sich mit den hartnäckigen Gerüchten auseinander setzen, die besagen, dass da doch etwas ist. Aber das ist noch nicht alles – sie müssen auch mit der Frage ringen, was sie mit ihrer sehr begrenzten Zeit in dem sehr begrenzten Garten anfangen, der im Grunde nicht mehr ist als ein Friedhof.

So viel ist sicher: Jedes menschliche Wesen lebt in einem Mietshaus. Jedes wartet darauf, dass es an der Reihe ist, den Garten zu verlassen.

Bis eines Tages ...

Bis ein Mann, der wie alle anderen aussah, eine atemberaubende Behauptung aufstellte. Er sagte, er käme von der anderen Seite der Hecke. Er sagte, niemand müsse mehr allein sein. Niemand müsse mehr in Angst leben. Er sagte, eine ganz neue Art von Leben, ein Leben mit Gott, sei nun für jeden verfügbar, der es wolle. Und er brachte uns dieses Leben nicht nur, damit es uns besser geht. Er brachte es, um uns einen Auftrag zu geben. Er sagte, jeder, der dieses Leben annehme, könnte mit ihm zusammen ein Botschafter werden und allen anderen im Garten davon erzählen.

Der Heckendurchbrecher

Jesus kam als Heckendurchbrecher zur Welt.

Ich glaube, dass es heutzutage ein fundamentales Missverständnis im Hinblick auf die Botschaft Jesu gibt. Die Menschen haben irgendwo den Gedanken aufgeschnappt, dass es beim Evangelium – der Guten Nachricht – hauptsächlich darum gehe, wie man sich auf das Leben jenseits der Hecke vorbereite, obwohl es vorrangig darum geht, dass der mysteriöse Jemand durch die Hecke gebrochen und in unseren kleinen Garten gekommen ist. Diese Fehlinterpretation hat zu der traurigen Konsequenz geführt, dass viele Menschen gar nicht erst versuchen, Gottes Gegenwart im Hier und Jetzt zu erleben.

Karen Mains berichtet in einem ihrer Bücher von einer Sonntagsschullehrerin, die nicht sicher war, ob ihre Kinder das Evangelium richtig verstanden hatten. Aus diesem Grund hakte sie nach: „Wenn ich mein Haus und mein Auto verkaufen und alle meine anderen Sachen auf dem Flohmarkt verscherbeln und mein ganzes Geld der Kirche spenden würde – käme ich dann in den Himmel?

Nein!

Wenn ich jeden Tag die ganze Kirche putzen, den Rasen mähen und alles aufräumen würde, käme ich dann in den Himmel?

Nein!

Wenn ich nett zu Tieren wäre und allen Kindern Süßigkeiten schenken würde und meinen Mann von Herzen lieb hätte, käme ich dann in den Himmel?

Nein!

Ja, und wie komme ich dann in den Himmel?"

Ein fünfjähriger Junge rief: „Sie müssen tot sein!"

Und hier ist das Problem: Wenn man erst tot sein muss, um in den Himmel zu kommen, dann kann das Evangelium ja hier und jetzt nicht viel mit unserem Leben zu tun haben, oder? Doch wenn wir uns genauer ansehen, was Jesus als seine Gute Nachricht bezeichnet, dann geht es da nicht sehr häufig um das, was passiert, nachdem wir tot sind. Er spricht ständig von dem, was auf *dieser* Seite der Hecke geschieht!

> Die Gute Nachricht, die Jesus verkündigte, war ganz einfach die Folgende: Gott ist in unsere Gärten eingedrungen und hat seine Macht und Gegenwart für jeden verfügbar gemacht, der sie haben möchte. Jetzt und hier.

„Es ist so weit: Jetzt wird Gott seine Herrschaft aufrichten und sein Werk vollenden. Ändert euer Leben und glaubt dieser guten Nachricht!", sagt Jesus (Markus 1,15). Gott ist jetzt viel näher, als man denkt!

Die tragische Wahrheit ist, dass viele Christen die gute Nachricht, dass man hier und jetzt mit Gott leben kann, gegen die gute

Nachricht eingetauscht haben, die erst später zum Tragen kommt: Man muss zuerst tot sein.

Eine Szene in einem Monty-Python-Film verdeutlicht, wie viele Menschen über das Evangelium denken. In dem Klamaukstreifen „Die Ritter der Kokosnuss" müssen König Artus und seine Ritter die Brücke des Todes überqueren, um ihre Mission zu erfüllen. Ein alter Mann bewacht die Brücke, und jeder der Ritter muss drei Fragen beantworten, um hinüberzugelangen. („Wer über die Brücke des Todes will gehn, der muss dreimal Rede und Antwort stehn, dann darf er die andere Seite sehn.") Wenn eine der Antworten falsch ist, wird der Ritter in den Abgrund geworfen.

Der erste Ritter tritt vor. „Wie ist dein Name?" (Er sagt es dem Alten.) „Was ist deine Queste?" (Auch das sagt er ihm.) „Was ist deine Lieblingsfarbe?" („Rot.") Der Ritter darf über die Brücke gehen und ist erstaunt, dass es so einfach war.

Nun ist der zweite Ritter an der Reihe. Auch er muss seinen Namen und den Sinn ihrer Queste nennen, doch die dritte Frage lautet: „Was ist die Hauptstadt von Assyrien?" – „Das weiß ich nicht – aaaaaah!" Und damit wird er in den Abgrund gestürzt.

Der dritte Ritter hat schreckliche Angst. Er sagt seinen Namen und das Ziel ihrer Mission, doch als ihm die dritte Frage gestellt wird („Was ist deine Lieblingsfarbe?"), ist er so nervös, dass er stammelt: „Rot … nein, Blau – aaaaaah!" Ab in den Abgrund mit dir.

Jetzt ist König Artus dran. Die ersten beiden Fragen sind dieselben wie bei allen anderen, die dritte wird ein *Running Gag* des Films: „Was ist die Höchstgeschwindigkeit einer unbeladenen Schwalbe?" Artus antwortet mit einer Entgegnung, die fortan im ganzen Film zur Standardantwort wird: „Was meint Ihr? Eine europäische oder eine afrikanische Schwalbe?"

„Das weiß ich nicht – aaaaah!" Diese Mal ist es der Hüter der Brücke, der in den Abgrund gestürzt wird.

Viele Menschen haben das Evangelium auf etwas Ähnliches reduziert: Wenn man stirbt, gibt es eine Brücke, die auf die andere Seite führt. Die Gute Nachricht ist die korrekte Antwort auf die Frage und erkauft einem den Übergang. Wenn man die richtige Antwort nicht kennt, wird man in den Abgrund gestürzt. Das Evangelium ist in diesem Fall nur noch so eine Art geheimes Passwort, das einen durch die Hecke bringt.

Das Problem ist jedoch:

Gibt es im Neuen Testament irgendwo eine Stelle, an der Jesus sagt: „Jetzt nenne ich euch die Minimalanforderungen, die ihr erfüllen müsst, um es in den Himmel zu schaffen!"? Nein, die gibt es nicht.

Jesu Gute Nachricht beinhaltet die Vergebung unserer Sünden als Geschenk. Sie umfasst das Versprechen, dass der Tod nicht das letzte Wort haben wird und dass unser ewiges Leben mit Gott niemals enden wird.

Aber sie ist noch viel mehr als das. Wie wir im ersten Kapitel gesehen haben, ist das Versprechen, das mit dem Kommen Jesu erfüllt wurde, das ganz große, einigende Thema der Bibel: Jesus ist der *Immanuel*, der „Gott mit uns". Jesus macht dies deutlich, wenn er sagt: „Wer mich liebt, wird sich nach meinem Wort richten; dann wird ihn mein Vater lieben, und wir werden zu ihm kommen und bei ihm wohnen" (Johannes 14,23).

Die Jakobsleiter noch einmal neu unter die Lupe genommen

Erinnern Sie sich noch an Jakobs Traum in Bet-El, über den wir im ersten Kapitel gesprochen haben? Jakob hatte die Vision einer Treppe, die bis in den Himmel reichte, und Engel stiegen auf ihr hinauf und hinunter. Es war die Vision eines Lebens mit Gott hier auf der Erde. Am Beginn seines Dienstes erklärte Jesus einem Mann namens Nathanael seine Mission: „Amen, ich versichere euch: Ihr werdet den Himmel offen sehen und erleben, wie die Engel Gottes zum Menschensohn herab- und von ihm zum Himmel hinaufsteigen!" (Johannes 1,51).

Natürlich spielt Jesus hier auf Jakobs Vision an. Das, was Jakob träumte, war nun für jeden Realität geworden, der es wollte. Jesus bildete selbst die Jakobsleiter, die vom Himmel bis auf den Boden der Tatsachen Ihres und meines Lebens reicht.

Viele Menschen glauben, dass der einzige wirkliche Grund für Jesu Kommen der war, am Kreuz zu sterben. Aber das war nur ein Teil seiner Mission. Sein übergeordneter Auftrag war es, die Realität der Gegenwart Gottes und seiner Macht auf unsere Seite der Hecke zu tragen.

In unserem kleinen Garten namens Erde läuft es derzeit nicht so gut. Während ich diese Worte niederschreibe, läuft in den Nachrichten ein Bericht über Sambia, in dem es um Folterungen, Amputationen, Völkermord und herzzerreißende Bilder von Massengräbern geht. Eine Mutter von zwei kleinen Kindern wird erwähnt, die bei einem Selbstmordattentat sich selbst und vier andere Menschen umgebracht hat, weil „ich schon immer den Wunsch hatte, meinen Körper in eine tödliche Waffe zu verwandeln und mit den Schädeln meiner Feinde an die Tür des Himmels zu klopfen".

Der christliche Aktivist Jim Wallis berichtete auf einem Vortag, dass jeden Tag 30.000 Kinder aus völlig überflüssigen Gründen sterben. Jeden Tag! Manchmal erinnert unser Garten eher an einen Friedhof.

Der Himmel auf Erden

Jesus ist nicht nur als Heckendurchbrecher gekommen, sondern er hat seinen Nachfolgern auch gesagt, dass sie ihr Leben diesem Projekt widmen sollen. In seinem bekanntesten Gebet sagte er, dass wir die folgenden Worte beten sollen: „Unser Vater im Himmel, geheiligt werde dein Name. Dein Reich komme, dein Wille geschehe wie im Himmel, so auch auf der Erde" (Matthäus 6,9–10; Luther 1984).

Manchmal beten wir Menschen auch unsere eigene Version des berühmten Spruches aus „Raumschiff Enterprise"[3]: „Scotty, beam mich hoch!" Offenbar geistert in den Köpfen einiger Christen die Vorstellung herum, dass unsere Aufgabe darin bestehe, unser Endziel im Falle unseres Ablebens zu sichern und dann die Zeit totzuschlagen, bis wir entrückt werden und Gott mit dieser Erde ein Ende macht. Doch Jesus hat weder zu seinen Jüngern noch zu uns jemals gesagt, dass wir etwas in der Art beten sollten: „Bitte beam uns ganz schnell weg von hier!" Ganz im Gegenteil, sein Gebet lautete: „Bitte bring den Himmel auf die Erde!"

Gott zeigt sich uns nicht, um uns einfach einmal eine Freude zu machen oder um uns aus unserer Einsamkeit zu retten. Er kommt zu uns, damit wir wiederum für andere Menschen zu Kanälen seiner Gegenwart werden können. Er lädt uns dazu ein, mit ihm gemeinsam die Dinge hier unten auf der Erde so zu gestalten, wie sie oben im Himmel bereits sind.

Das ist eindeutig die beste Nachricht, die die menschliche Rasse jemals gehört hat! Es ist nicht nur eine gute Neuigkeit für die Welt um uns herum, sondern auch für uns persönlich. Der Psychologe Viktor Frankl schrieb: „Was der Mensch tatsächlich braucht, ist kein spannungsfreier Zustand, sondern vielmehr das Streben nach und den Kampf um ein Ziel, das seiner wert ist. Was er braucht, ist nicht das Loswerden aller Spannungen um jeden Preis, sondern den Ruf eines möglichen Lebenssinnes, der darauf wartet, von ihm erfüllt zu werden."[4]

Dies ist vielleicht das gefährlichste, aufregendste, lebensveränderndste Gebet, das ein Mensch sprechen kann: „Gott, bring den Himmel auf die Erde." Jedes Mal, wenn Sie es beten, wird Ihr Leben zu Bet-El – dem Ort, an dem Gott ist –, und das Leben *mit* Gott bricht durch die Hecke.

Ein Anfang

Beginnen Sie Ihren Weg doch mit der Frage: „Wo möchte ich erleben, dass Gottes Gegenwart und seine Macht in meine Welt einbrechen? Wo hätte ich gern, dass Gott mich dazu gebraucht, die Dinge hier unten auf der Erde so zu gestalten, wie sie oben im Himmel schon sind?"

Jesus ist nicht nur gekommen, um eine Bresche in die Hecke zu schlagen, die die Menschen von Gott trennt. Er ist auch gekommen, um das Dickicht aus Ängsten, Misstrauen und Bitterkeit zu vernichten, das die Menschen voneinander trennt. Zur Zeit von Paulus bestand die Hecke aus einer unüberwindlichen Barriere zwischen Juden und Heiden. Doch Jesus, so Paulus, hat „Juden und Nichtjuden zu einem einzigen Volk verbunden. Er hat die

Mauer eingerissen, die die beiden trennte und zu Feinden machte" (Epheser 2,14).

„Gott, lass den Himmel auf die Erde kommen." Drei Frauen aus der Gemeinde, in der ich angestellt bin, haben eines Tages begonnen, dieses Gebet zu beten. Sie befanden sich auf einer Frauenfreizeit, und eine Veranstaltung, die meine Frau dort abhielt, sprach die drei Damen so sehr an, dass sie davon zu träumen begannen, „Himmelherunterbringer" zu werden. Schließlich gingen sie zu einem unserer Pastoren und erzählten ihm von ihren Träumen.

„Was wollt ihr tun?", fragte er, und sie sagten ihm, sie wollten die hungernden Babys in Afrika retten.

Der Pastor entgegnete vorsichtig, dass dies vielleicht für den Anfang ein bisschen viel sei und ob sie nicht zunächst einmal damit anfangen wollten, einen Tag in einer hoffnungslos mit Lehrkräften unterbesetzten Schule in einem sozialen Brennpunkt auszuhelfen.

Die Frauen begannen also zu beten: „Gott, bitte lass den Himmel auf die Erde kommen – in diese kleine Schule in East Palo Alto."

In unserer Gegend ist die Hecke die Autobahn, die East Palo Alto von Palo Alto trennt. Zu Palo Alto gehören die berühmte Stanford-Universität und das Silicon Valley; der Bereich wurde kürzlich im *Forbes*-Magazin als die Gegend bezeichnet, in der man leben muss, wenn man richtig reich werden will. East Palo Alto dagegen ist eine Armengegend, ein Ghetto. Noch vor wenigen Jahren führte es die Landesstatistik in dem Bereich „Mordfälle pro Einwohner" an.

Die drei Frauen dachten nach und beteten und planten und kamen dann mit einer Herausforderung auf uns zu: Wie wäre es, wenn tausend Mitglieder unserer Gemeinde einen Tag damit zubringen würden, in dieser Schule Bäume zu pflanzen, Beete anzulegen, Böden zu pflastern und Wandbilder zu malen?

Ich glaubte nicht daran, dass wir so viele Gemeindemitglieder dazu animieren könnten, dies zu tun, aber ich sagte zu, es am nächsten Sonntag bekannt zu machen und zu sehen, was geschah. Am Ende mussten wir die Listen verlängern und bei 1.200 Helfern ganz schließen, weil wir beim besten Willen nicht noch mehr Freiwillige beschäftigen konnten. Und das Beste war, dass wir Gott dabei beobachten konnten, wie er Dinge tat, die niemand von uns geplant hatte.

Eine junge Frau besuchte in der Nähe unserer Gemeinde ein

College und hörte von unserem Vorhaben. Sie trug sich nicht nur sofort selbst in die Liste ein, sondern erzählte auch ihren Freundinnen am College davon, die ebenfalls begeistert waren. Schließlich halfen nicht nur über tausend Gemeindemitglieder, sondern auch 30 Mädchen aus einer Studentenverbindung. Was wiederum dazu führte, dass sich plötzlich auch jede Menge junger Männer berufen fühlten, sich in die Liste einzutragen.

Einige Gemeindemitglieder unterhielten sich eines Tages in einem *Starbucks*-Coffeeshop mit einem Lokalpolitiker über die geplante Aktion, und der sprach sofort den Betreiber des Coffeeshops an: „Wissen Sie was, Sie sollten an dem betreffenden Samstag eigentlich kostenlos Kaffee für alle Helfer zur Verfügung stellen!"

Und der *Starbucks*-Mann sagte: „In Ordnung, mache ich."

Der Politiker setzte noch eines drauf: „Und ausliefern könnten Sie ihn dann auch gleich."

Und wieder sagte der Besitzer: „In Ordnung, mache ich."

Die drei Initiatorinnen gingen zu einem Baumarkt. Sie hatten keine beeindruckenden Titel oder Empfehlungsschreiben, nur die Überzeugung, dass Gott ihnen dabei helfen würde, den Himmel auf die Erde zu bringen. Sie erzählten dem Baumarktleiter, was sie vorhatten, und dann sagten sie: „Wir brauchen Materialien im Wert von 10.000 Dollar. Da wir kein Geld haben, wäre es schön, wenn Sie uns die Sachen einfach spenden würden."

Und der Baumarktleiter sagte: „In Ordnung, mache ich."

Sie bekamen also Materialien im Wert von 10.000 Dollar gratis.

Danach sprachen sie mit einer Dame, die nicht zu unserer oder irgendeiner anderen Gemeinde gehörte und ein Geschäft für Spielplatzgeräte betrieb. Sie können sich vermutlich schon denken, wie das Gespräch verlief. Unsere drei Musketierinnen erhielten Spielplatzgeräte im Wert von 20.000 Dollar. Geschenkt.

Einen ganzen Tag lang war das Schulgelände von fröhlicher Musik und Trauben von Luftballons und 8-Jährigen erfüllt, die neben 80-Jährigen aus allen nur möglichen Denominationen, Volkszugehörigkeiten und gesellschaftlichen Kreisen tätig waren. Es war der schönste, freudigste Tag, den ich je erlebt habe. Wir, die wir dienten, wurden weitaus mehr beschenkt als diejenigen, denen wir dienten. Und das alles wegen eines einzigen Gebets: „Herr, hilf uns dabei, ein Stück Himmel auf die Erde zu bringen!"

Die drei Frauen haben sich einen Wahlspruch auf die Fahne geschrieben, der sämtliche Missionsstatements in den Schatten stellt, die mir bekannt sind: „Wir wollen die Bedürfnisse unseres

Umfeldes erkennen und unserer Gemeinde Gelegenheiten eröffnen, sich vollkommen lächerlich großzügig, weltverändernd und mit viel Freude zu engagieren."

Der Himmel in der Kfz-Zulassungsstelle

Gibt es einen Bereich, in dem es Sie so richtig aufregt, dass die Dinge hier unten nicht so laufen, wie sie es oben im Himmel tun? Vielleicht bewegt es Sie, wenn Sie Menschen sehen, die in Armut leben, keine Chance erhalten, eine ordentliche Bildung zu erlangen, oder häusliche Gewalt ertragen müssen. Vielleicht berührt es Ihr Herz, wenn Sie mit Menschen in Kontakt kommen, die tiefe seelische Wunden haben, oder mit Kindern, die kein richtiges Zuhause haben, oder mit Paaren, deren Ehen auseinander zu brechen drohen.

> Tief in unserem Inneren wünschen wir uns alle, Gottes Gegenwart *spüren* zu können. Wir wünschen uns ein Gefühl von Frieden und Sicherheit, eine starke Quelle der Freude, ein klares Wort, das Richtungsweisung gibt. Ist es möglich, dass wir uns nur deshalb so sehr nach seiner Gegenwart sehnen, weil wir im Grunde emotionalen Halt suchen? Doch interessanterweise brauchen wir all diese schönen Gefühle gar nicht, wenn wir für andere Menschen Mittler der Gegenwart Gottes werden wollen. Das Einzige, was dazu nötig ist, ist der brennende Wunsch: „Herr, wo möchtest du mich einsetzen, um die Dinge hier unten auf der Erde so zu gestalten, wie sie im Himmel sind?"

Das passiert nicht immer auf dramatische oder auch nur sichtbare Art und Weise.

Vor zwei Wochen fuhr ich in die Kfz-Zulassungstelle. David hat einmal in einem seiner Lieder gefragt: „Wohin kann ich gehen, um dir zu entrinnen, wohin fliehen, damit du mich nicht siehst?" (Psalm 139,7). Wenn ich einmal raten dürfte, würde ich auf die Zulassungsstelle tippen.

Ich stand in einer Schlange und ärgerte mich über das Schneckentempo, in dem es vorwärts ging – beziehungsweise eben *nicht* vorwärts ging. Ein bisschen erinnerte mich das Ganze an die Kontinentalverschiebung. Ich war ganz damit beschäftigt, wie sehr die Abläufe in meinem kleinen Privatkönigreich dadurch aufgehalten wurden. Die ältere Dame vor mir brauchte ewig für ihren Antrag. Doch dann fiel mir plötzlich das Gebet ein: „Herr, bring den Himmel hierher auf die Erde."

Und da kam mir auch schon der Gedanke: *Ich sollte zu der Frau gehen und sehen, ob ich ihr helfen kann.* Es stellte sich heraus, dass sie sehr nervös war und den Mann hinter dem Schalter, der sehr schlecht Englisch sprach, nicht richtig verstehen konnte. Ich verbrachte vielleicht fünf Minuten damit, ihr zu helfen. Das war nicht mehr als eine kleine Nettigkeit; jemand, der nicht ganz so egoistisch ist wie ich, hätte dafür vermutlich nicht einmal einen Schubs von Gott gebraucht. Doch wie auch immer, auf jeden Fall war ich ein paar Augenblicke daran beteiligt, das Königreich der Liebe für jemanden real werden zu lassen, der es brauchte. Ein paar Augenblicke lang brach der Himmel in die Kfz-Zulassungsstelle ein.

Für Sie könnte dieser Durchbruch damit beginnen, dass Sie mit den Menschen anfangen, die Ihnen am nächsten stehen. „Lass dein Königreich in meinen Freundschaften, meiner Familie, meiner Ehe regieren."

Vor nicht allzu langer Zeit waren Nancy und ich mit einem befreundeten Ehepaar essen. Dabei hatten wir während des Gesprächs eine kleinere Auseinandersetzung, die mir überhaupt nicht gefiel. Später, als wir allein waren, musste ich wieder an diesen Zwischenfall denken. Ich verspürte einen gewissen Ärger und ein Gedanke drängte sich immer wieder in den Vordergrund: „Sprich mit Nancy darüber."

Es gab da ja verschiedene Möglichkeiten. Zunächst einmal konnte ich meinen leisen Groll pflegen. Damit kenne ich mich aus; meine Vorfahren kommen aus Schweden. Oder ich konnte das Problem auf eine Art und Weise ansprechen, durch die sie sich sicher gleich angegriffen fühlen würde. Ich verdiene schließlich mit dem Reden mein Geld und beherrsche meinen Beruf ziemlich gut. Doch die kleine Stimme in meinem Kopf riet mir: „Sag ihr einfach nur in klaren Worten, was passiert ist, was dir daran nicht gefallen hat, warum dich das so gestört hat und worüber sie aus deiner Sicht nachdenken sollte."

Also tat ich das. Das Gespräch war nur kurz, aber ein paar Minuten später kam Nancy noch einmal zu mir und sagte: „Ich wollte dir nur sagen, dass ich es wirklich gut fand, dass du die Sache angesprochen hast. Das hat mir das Gefühl vermittelt, dass dir unsere Beziehung wirklich wichtig ist, und ich habe mich dir sehr nah gefühlt." Dann fügte sie noch hinzu: „Ich fand das richtig sexy."

(Nein, das habe ich mir nicht ausgedacht. Ich habe sogar ihre ausdrückliche Erlaubnis, dies hier aufzuschreiben!)

Ich habe sie auf etwas aufmerksam gemacht, das sie getan und das mir nicht gefallen hat – und sie hat nicht nur positiv darauf reagiert, sondern sie fand meine Ehrlichkeit sogar sexy!

Von diesem Augenblick an habe ich eifrig nach anderen Dingen Ausschau gehalten, die mir an ihrem Verhalten nicht gefielen. Wenn ich so eine Reaktion bekommen konnte, wäre ich sogar bereit gewesen, mir welche auszudenken (ich mache nur einen Scherz!).

Gottes Gegenwart kann teuer werden

Manchmal kostet es etwas, wenn wir uns Gott als sein Werkzeug zu Verfügung stellen. Richard Felix hat eines der bewegendsten Bücher geschrieben, das ich seit langem gelesen habe: *The School of Dying Graces.* Darin berichtet er von dem langen und vergeblichen Kampf seiner Frau gegen den Brustkrebs. Sie hatte all die Torturen ertragen, die Heilung versprachen: eine Lymphknotenentnahme, drei Sitzungen in der Chemotherapie, eine beidseitige Mastektomie, Bestrahlungen von Lunge und Gehirn, eine Knochenmarkstransplantation, verschiedenste neue Wundermittel und Therapien, die noch im Versuchsstadium waren.

Nach fast zwei Jahren Qualen sagte ihr Onkologe ihr schließlich, dass das Biest (wie Vivian den Krebs nannte) gewinnen würde. Sie habe noch eine Lebenserwartung von ungefähr sechs Wochen.

Vivian und Richard fuhren zu ihrem Lieblingsrestaurant mit Meerblick, in dem sie schon viele wichtige Ereignisse ihres Lebens gefeiert hatten und das nun der Schauplatz für den Anfang vom Ende darstellen würde. Sie offenbarte ihm, dass sie sich auf den Tod vorbereiten müsse. Dann fragte sie ihn, ob er die Aufgabe übernehmen würde, um ein Heilungswunder zu beten, sodass sie ihre ganze Aufmerksamkeit von der Krankheit auf die Gegenwart Gottes richten könne.

„Ich habe nämlich vor", so erklärte sie ihm, „mich in der hohen Schule des guten Sterbens einzuschreiben."

Richard berichtet in seinem Buch davon, wie schwer es für ihn war, sie dabei zu beobachten, wie sie ihren persönlichen „Garten Getsemane" betrat, einen Ort großen Leids, der durch ihre innigen Begegnungen mit Gott zu heiligem Boden wurde. Er konnte ihr nicht dorthin folgen, obwohl er sich mit jeder Faser seines Herzens danach sehnte. Doch irgendwie betrat auch er einen Garten Getsemane, indem er sich dazu entschied, ihr Leid zu dem seinen zu machen. Er lernte die höchste Form der Liebe kennen – die Art von Liebe, die Jesus uns vorgelebt hat und die das Leid um des geliebten Menschen willen annimmt.[5]

An einem Junitag im Jahr 2000 endete Vivian Felix' Kampf gegen den Krebs. *Und jetzt weiß sie Bescheid.*

„Gott, lass den Himmel auf die Erde kommen." Darum geht es in Richards Gebeten. Er bekam nicht die Antwort, die er sich erhofft hatte. Die Heilungskraft des Himmels kam nicht auf Vivian herab. Doch ihre Liebe zueinander und ihr vom Gebet begleitetes Leiden und Mitleiden wurde immer inniger und tiefer – und dies konnte der Krebs nicht besiegen. Und in dieser Liebe, die Gott ihnen schenkte, gab er ihnen auch ein Stück Himmel auf Erden.

Es kann durchaus Wirklichkeit werden, dass der Himmel auf die Erde kommt. Jedes Mal, wenn Sie einen Konflikt mit jemandem haben, wenn Sie ihn verletzen, negativ über ihn reden oder lieber einen Bogen um ihn machen wollen – und sich dann anders entscheiden, zu dieser Person gehen und sich um Klärung und Versöhnung bemühen: Dann bricht auf dieser Erde ein Stück Himmel an.

Jedes Mal, wenn Sie etwas Geld zur Verfügung haben und sich dazu entschließen, es jemandem zu geben, der hungrig oder obdachlos oder arm ist – dann bricht ein Stück Himmel auf Erden an.

Jedes Mal, wenn jemand mit einer Sucht ringt und sich so sehr wünscht, mit Gottes Hilfe davon frei zu werden, wenn er aufhören will, sich zu verstecken, die Wahrheit anerkennt und sich in einer liebevollen Gemeinschaft Unterstützung sucht – dann bricht ein Stück Himmel auf Erden an.

Jedes Mal, wenn ein Vater aufhört, seinen Beruf wie einen Götzen zu verehren und seinen Terminkalender umstellt, damit er Zeit für seine Kinder hat – dann bricht ein Stück Himmel auf Erden an.

Jedes Mal, wenn Sie Liebe üben, wenn Sie jemanden annehmen, der ausgeschlossen war, wenn Sie jemanden ermutigen, der niedergeschlagen ist, wenn Sie jemanden ansprechen, der vom Weg abgekommen ist, wenn Sie jemandem dienen, der Hilfe braucht – dann ist das ein Zeichen, dass wieder einmal der Himmel auf die Erde gekommen ist.

Als Jesus Mensch und als Baby in die Krippe gelegt wurde, bohrte das Königreich Gottes die erste kleine Lücke in die Hecke. Jesus schuf eine kleine Gemeinschaft von Menschen, und als er diese Welt verließ, gab es eine erste Gruppe von Christen in Jerusalem. Dann begann sich die Gute Nachricht zu verbreiten – nach Judäa, nach Samaria, nach Athen, nach Rom. In jedes Land der Welt. Von mittelalterlichen Kathedralen in England bis hin zu Untergrund-Hauskirchen in China, von den Katakomben in Rom zu Gemeinden, die sich in einem Einkaufszentrum in Detroit treffen.

Eines Tages formte sich auch eine kleine Lücke in der „Hecke" Ihres Lebens. Es spielt keine Rolle, ob Ihnen Ihr Leben vollkommen chaotisch oder misslungen vorkommt. Es spielt auch keine Rolle, ob Sie wirklich verstanden haben, wie das Königreich Gottes funktioniert. Jemand ist von der anderen Seite durch die Hecke gekommen. Er kann Sie und mich gebrauchen. Und er lebt jetzt bei uns in unserem Garten!

Anmerkungen

Kapitel 1: Gottes größter Wunsch

[1] Thomas Kelly: *A Testament of Devotion.* Harper-SanFrancisco 1992, S. 90.
[2] „Psycho", USA 1960. Regisseur: Alfred Hitchcock; Hauptdarsteller: Anthony Perkins; Vivien Leigh. Der Film basiert auf dem gleichnamigen Buch von Robert Bloch aus dem Jahr 1959.
[3] Sandra L Bertman: „Art Annotations", *The Literature, Arts and Medicine Database* auf der Internetseite: http://endeavor.med. nyu.edu/lit-med/
[4] Zitate von Michelangelo aus Massimo Giacometti: *The Sistine Chapel.* Harmony Books 1986, S. 234.
[5] Lewis Smedes: *Standing on the Promises.* Thomas Nelson 1998, S. 28.
[6] Zitiert bei David Myers: *The Pursuit of Happiness.* Avon Books 1992, S. 45.
[7] Zitiert bei Suzanne Farnham et. Al.: *Listening Hearts: Discerning Call in Community.* Morehouse Publishing 1991, S. 1.
[8] Sofia Cavalletti: *The Religious Potential of the Child: 6 to 12 Years Old.* Liturgy Training Publications 2002.
[9] Anne Lamott in einem persönlichen Gespräch mit dem Autor.
[10] Dallas Willard: „Die eine, sanfte Stimme". Hänssler Verlag 2002, S. 228.
[11] Frederick Buechner: *Listening to Your Life.* Harper-SanFrancisco 1992, S. 2.
[12] Thomas von Kempen: *The Imitation of Christ.* Ave Maria Press 1989, S. 61.
[13] Jean Pierre de Caussade: *The Sacrament of the Present Moment.* Harper & Row 1982, S. 68.
[14] Bruder Lorenz: *The Practice of the Presence of God.* Whitaker House 1982, S. 90. Deutscher Titel: „Die Gegenwart Gottes, eine wirkliche Erfahrung". Turm-Verlag.
[15] Bruder Lorenz: „Die Gegenwart Gottes, eine wirkliche Erfahrung". Turm-Verlag, S. 57.
[16] Ebd.

Kapitel 2: Wo ist Walter?

1 Armand Nicholi: „The Question of God“, aus: Karen Mains: *The God Hunt*. InterVarsity Press 2003, S. 13.
2 Martin Handford: „Wo ist Walter?“ Unter diesem Titel sind im Verlag Sauerländer auch in Deutschland diverse Suchbücher erschienen.
3 Bruder Lorenz: „Die Gegenwart Gottes, eine wirkliche Erfahrung“. A. a. O., S. 77.
4 Johannes vom Kreuz: „Die dunkle Nacht“. Herder 1995.
5 Pat Conroy: „Die Herren der Insel“. Gustav Lübbe Verlag 1992, S. 337.
6 William Barry: *Finding God in All Things*. Ave Maria Press 1991, S. 14–15.
7 Bob Fisher: „The Case for Film Dailies“, in: *American Cinematographer*, April 2004, S. 90 ff.
8 Dallas Willard: *The Renovation of the Heart*. NavPress 2002, S. 43.
9 George MacDonald: *Thomas Wingfold*. Sunrise Publishers 1988, S. 430.
10 Zitiert bei Philip Yancey: „Sehnsucht nach dem unsichtbaren Gott“. Gerth Medien 2001, S. 27.
11 Bruder Lorenz: „Die Gegenwart Gottes, eine wirkliche Erfahrung“. A. a. O., S. 55.
12 Zitiert nach: Lane C. Belden: „A Hidden and Playful God“. In: *The Christian Century* vom 30. September 1987, S. 812.

Kapitel 3: Leben mit Gott

1 J. D. Salinger: *Franny and Zooey*. Bantam Books 1964, S. 170.
2 Zitiert in Platos „Apologie“, S. 19.
3 Zitiert in Benjamin Blech: *The Complete Idiot's Guide to Understanding Judaism*. Alpha Books 1999, S. 259.
4 Aus der *Misnah*, zitiert bei Marvin Wilson: *Our Father Abraham: Jewish Roots of the Christian Faith*. Eerdmans 1999, S. 300.
5 Zitiert aus einer Predigt in *Willow Creek* im Juli 2003.
6 Dallas Willard: *The Renovation of the Heart*. A. a. O., S. 70.
7 Bruder Lorenz: „Die Gegenwart Gottes, eine wirkliche Erfahrung“. A. a. O., S. 57.
8 Ebd., S. 66.
9 Ebd., S. 15.

Kapitel 4: Der größte Augenblick Ihres Lebens

[1] William Blake: „Auguries of Innocence".
[2] Jean Pierre de Caussade: *The Sacrament of the Present Moment.* Harper & Row 1982, S. 27.
[3] Frederick Buechner: *The Alphabet of Grace.* Harper & Row 1970, S. 12.
[4] Ken Davis: „Beim rosa Flamingo links ab". Gerth Medien 2003, S. 75.
[5] David Pears: *Motivated Irrationality.* St. Augustine's Press 1997.
[6] Abraham Heschel: *The Sabbath: Its Meaning for Modern Man.* Shambhala 2003, S. 14.
[7] Bruder Lorenz: „Die Gegenwart Gottes, eine wirkliche Erfahrung". A. a. O.
[8] Frank Laubach: *Letters by a Modern Mystic.* Revell 1958, S. 205.
[9] Dietrich Bonhoeffer: „Gemeinsames Leben". Gütersloher Verlagshaus 2001, S. 37.
[10] Robert Putnam: *Bowling Alone: The Collapse and Revival of American Community.* Simon & Schuster 2001, S. 100.
[11] Gehört in einer Predigt von Ray Vander Laan in *Willow Creek.*
[12] Dietrich Bonhoeffer: „Gemeinsames Leben". A. a. O., S. 84.

Kapitel 5: A Beautiful Mind

[1] Frank Laubach: *Letters by a Modern Mystic.* A. a. O.
[2] *A Beautiful Mind,* USA 2001. Regie: Ron Howard, Hauptdarsteller: Russell Crowe. Nach dem gleichnamigen Buch von Sylvia Nasar.
[3] Thomas Kelly: *A Testament of Devotion.* Harper-SanFrancisco 1992, S. 92 ff.
[4] Zitiert bei David Myers: *The Pursuit of Happiness.* Avon Books 1992, S. 66.
[5] Johannes Calvin: *Institutes of the Christian Religion,* Buch 1, Kapitel 13, Abschnitt 1. Eerdmans 1990.
[6] Mihalyi Csikszentmihalyi: *Flow: The Psychology of Optimal Experience.* HarperCollins 1990, S. 119. Deutsche Ausgabe: „Flow. Das Geheimnis des Glücks". Klett-Cotta 2002.
[7] Tilden Edwards: *Living in the Presence.* HarperCollins 1987, S. 9.
[8] Frank Laubach: *Letters by a Modern Mystic.* A. a. O., S. 7.

Kapitel 6: Walter Junior

[1] Bruder Lorenz: „Die Gegenwart Gottes, eine wirkliche Erfahrung". A. a. O.
[2] Esther de Waal: *Seeking God: The Way of St. Benedict.* Liturgical Press 1984, S. 126.
[3] Über Vater Damien und seine Arbeit gibt es eine ganze Reihe von Büchern, außerdem finden Sie Informationen über Kalaupapa auf der Website www.nps.gov/kala/docs/damien.htm
[4] C. S. Lewis: „Dienstanweisung für einen Unterteufel". Herder 1992, S. 14.
[5] Henry Cloud/John Townsend: *How People Grow.* Zondervan 2001, S. 119–120.
[6] *De Hominis Dignitate* („Über die Würde des Menschen"); 1496 posthum von seinem Neffen veröffentlicht.
[7] Massimo Giacometti: *The Sistine Chapel.* Harmony Books 1986, S. 126.
[8] Ebd., S. 124.
[9] Suzanne Farnham et al.: *Listening Hearts: Discerning Call in Community.* Morehouse Publishing 1991, S. 44.
[10] Frank Laubach: *Man of Prayer.* Laubach Literacy International 1990, S. 329–330.

Kapitel 7: Geistliche Trampelpfade

[1] C. S. Lewis: „Über den Schmerz". Brunnen Verlag 1998, S. 153.
[2] Gary Thomas: „Neun Wege, Gott zu lieben". Brockhaus Verlag 2003, S. 10.
[3] Robert Wuthnow: *Sharing the Journey: Support Groups and the Quest for a New Community.* Free Press 1996.
[4] C. S. Lewis: *Letters to Malcolm, Chiefly on Prayer.* Harvest 1963, S. 27 und 90.
[5] Zitiert in Ken Gire: *Windows of the Soul.* Zondervan 1996, S. 205.
[6] C. S. Lewis: „Über den Schmerz". A. a. O., S. 153.

Kapitel 8: „Wie du wünschst!"

[1] C. S. Lewis: „Der innere Ring". Brunnen Verlag 1992, S. 124.
[2] „Die Braut des Prinzen", USA 1987. Regie: Rob Reiner; Hauptdarsteller: Cary Elwes, Robin Wright. Nach dem Buch „Die Brautprinzessin" von William Goldman 1972.
[3] Gary W. Moon: *Falling for God: Saying Yes to His Extravagant Proposal.* WaterBrook Press 2004, S. 75.
[4] Jean Pierre des Caussade: *The Sacrament of the Present Moment.* A. a. O., S. 232.
[5] Bruder Lorenz: „Die Gegenwart Gottes, eine wirkliche Erfahrung". A. a. O.
[6] Gary W. Moon: *Falling for God.* A. a. O., S. 96.
[7] C. S. Lewis: „Die große Scheidung". Johannes Verlag 1996, S. 54.
[8] Anne Lamott: *Bird by Bird.* Doubleday/Anchor 1994, S. 121.
[9] Frank Laubach: *Man of Prayer.* A. a. O., S. 247.
[10] George MacDonald: *Thomas Wingfold.* A. a. O., Kapitel 15: „The Lawn".
[11] Zitiert bei Julia Cameron: *The Artist's Way: A Spiritual Path to Higher Creativity.* Putnam 1992, S. 22.
[12] Anne Dillard in: *The Meaning of Life*, herausgegeben von David Friend. Little Brown 1991.
[13] John Steinbeck: „Jenseits von Eden". dtv 1987, S. 52.
[14] Entnommen aus Suzanne Farnham et al.: *Listening Hearts: Discerning Call in Community.* A. a. O., S. 24.
[15] C. S. Lewis: „Der innere Ring". Brunnen Verlag 1992, S. 93.

Kapitel 9: Wenn Gott abwesend scheint

[1] Johannes vom Kreuz: *Alchemist of the Soul: His Life, His Poetry, His Prose.* Samuel Weise 1989, S. 131.
[2] Martin E. Marty: *A Cry of Absence: Reflections for the Winter of the Heart.* Harper & Row 1983.
[3] C. S. Lewis: „Über die Trauer". Benziger 1982, S. 7.
[4] Philip Yancey: *The Bible Jesus Read.* Zondervan 2002, S. 49–50. Deutsche Ausgabe: „Die Bibel, die Jesus las". Brockhaus 2005.
[5] Ebd., Kapitel 2.
[6] Eine Anspielung auf Philip Yanceys Buch „Wo ist Gott in meinem Leid?". Gerth Medien 2002.

[7] Ellen Davis: *Getting Involved with God: Rediscovering the Old Testament*. Cowley Publications 2001, Kapitel 10.
[8] Lewis Smedes: *My God and I*. Eerdmans 2003, S. 133.
[9] Ellen Davis: *Getting Involved with God*. A. a. O.
[10] Nicholas Wolterstorff: *Lament for a Son*. Eerdmans 1987, S. 61. Deutsche Ausgabe: „Klage um einen Sohn". Vandenhoeck & Ruprecht 1988.

Kapitel 10: Die Hecke

[1] Suzanne Farnham et al.: *Listening Hearts*. A. a. O., S. 27.
[2] Philip Yancey: „Sehnsucht nach der unsichtbaren Welt". Gerth Medien 2004, S. 49.
[3] „Raumschiff Enterprise" (englisch: *Star Trek* oder *Star Trek: The Original Series*) ist eine US-amerikanische Science-Fiction-Fernsehserie aus den 1960er Jahren, die von Gene Roddenberry erdacht wurde. Seit den 1970er Jahren ist die Serie immer wieder im deutschen Fernsehen zu sehen.
[4] Viktor Frankl: *Man's Searching for Meaning*. Square Press 1963, S. 81.
[5] Richard Felix: *The School of Dying Graces*. Tyndale House 2004, S. 81.